AF477604

Francesc Rifé

Commercial Spaces
& More

FRANCESC RIFÉ
Commercial Spaces & More

Coordinación editorial y diseño gráfico:
Conrad White for LOFT PUBLICATIONS

Edición, dirección de arte y maquetación:
Conrad White

Asistente de maquetación:
Pamela Broitman

Coordinadores del proyecto:
Idoia Ruiz, Conrad White

Textos:
Francesc Rifé Studio

Diseño de cubierta:
Conrad White

Foto de cubierta:
© Fernando Alda

© 2013 Loft Publications

Loft Publications, S.L.
Via Laietana, 32, 4º, of. 92
08003 Barcelona, Spain
T +34 932 688 088
F +34 932 687 073
loft@loftpublications.com
www.loftpublications.com

ISBN: 978-84-9936-913-6

Fotógrafos / Photographers

© **Fernando Alda**
Carhartt Barcelona & Madrid
Sana Hotel
Canalla Bistro
Eg10 Gran Palas & Palas
Caro Hotel
Central Bar
Roca Dubái
Ricard Camarena
Restaurant Nu
N. A.
NDN
Dr. Paloma
Acer
PBS
Vibia - I Saloni
Vibia - Light+Building
Ziru - I Saloni
Ziru - Hábitat
Cosmic - ISH
Mobalco - I Saloni
Inclass - I Saloni
JP Apartment
CG Apartment

© **El Molino Fotografía Industrial**
Wayu
May

© **Eugeni Pons**
Eg10 Gallery
Recaredo
Olivella
Cadaqués
Modular System Add-on
Elite

© **Syncro**
Trok
Petal
Drey
Balú
Isu
Sank
Exapenta

© **Gerald Kiernan**
Van
Puc
Dante

© **MIMUS comunicación**
Mus

© **Joana Sarmento**
Nepal Collection

© **Conrad White**
Carhartt Ibiza

Francesc Rifé

Commercial Spaces
& More

LOFT

PRÓLOGO

«Había un corredor que decía que, ya desde que empezaba a correr, y luego durante toda la carrera, no hacía más que rumiar para sus adentros una frase que le había enseñado su hermano, que también era corredor: *Pain is inevitable. Suffering is optional.* El dolor es inevitable, pero el sufrimiento es opcional, depende de uno» (*De qué hablo cuando hablo de correr*, Haruki Murakami).

He querido empezar con este párrafo para describir quién es para mí Francesc. Para los que no lo conocéis, sirvan estos párrafos y, para los que ya lo conocéis de verdad, quizás descubráis cosas nuevas.

Tanto lo amamos como, en ciertas formas, lo «sufrimos», pero ¿qué queréis que os diga? Al final, siempre me ha agradecido más las cosas que, afortunadamente, me ha tocado hacer por él que las que él ha hecho por mí. Esto me recuerda a aquella conversación en la que me decía: «No te preocupes, yo también empecé una vez y sigo empezando cada día.»

En nuestra carrera particular, iniciada por un feliz accidente ya hace años, he corrido detrás, a su lado, a miles de kilómetros o a miles de minutos en el tiempo, pero siempre, y con un simple mensaje o una llamada, hemos vuelto al punto en el cual todo quedó la última vez que corrimos juntos, como si nada hubiera sucedido, y hemos vuelto a correr hacia una misma meta.

Lo miro desde lejos y con enorme respeto y veo a un hombre o, mejor dicho, a un niño que se emociona con cada cosa que ve, toca, escucha, huele o saborea. No es siquiera un pequeño superhéroe, sino alguien que se ha marcado como premisa en este viaje de la vida que el sacrificio, más que opcional, es necesario. Nunca he visto que nadie le regalara nada y sí cómo muchos se lo querían arrebatar, pero jamás lo he visto desfallecer.

Este libro muestra parte de su evolución interna como persona más que como profesional, según mi punto de vista. De lo más *minimal* a algo más vivo y humano, llevado por sus propias experiencias personales; experiencias vividas a corazón abierto que han marcado esta progresiva y sutil evolución.

Después de muchas vivencias, hoy puedo decir que lo considero un gran amigo y un maestro que me ha brindado a mí, y a muchas personas o empresas, la alternativa para empezar a ser alguien.

Gracias, FR,

Jose Albors

PROLOGUE

"One runner told of a mantra his older brother, also a runner, has taught him which he's pondered ever since he began running. Here it is: Pain is inevitable. Suffering is optional" (*What I Talk About When I Talk About Running*, Haruki Murakami).

I have chosen this quote to describe what Francesc means to me. For those who have not met him, these words may be useful. For those who already know him, they may find out new insights about him.

We both love him and somehow "put up with" him, but what can I tell you? At the end he has always been more greatful for the things I have had the chance to do for him than for those he has done for me. This reminds me of a conversation we had when he told me: "Don't worry, I once started from nothing too, and I keep starting over everyday."

During our personal race, which began by a happy coincidence some years ago, I have run after him, by his side, thousands of kilometres away, or at different times. But just a phone call or a message has been enough to get us back to the point where we were the last time we ran together, as though no time had passed, and then we have run again towards a common goal.

I look at him from a distance with a great respect and I can see a man, or it would be better to say, a child, who is able to get excited with every single thing he sees, touches, hears, smells, or tastes. He is not a little superhero, but someone who has decided that sacrifice in the journey of life is more necessary than optional. I have not seen anyone giving him anything for free, but I do have seen how some people wished to take it away from him. I have never seen him falter though.

In my opinion, this book partly shows his internal growth as a person beyond his professional development. From the minimal thing to something more vivid and humane, led by his personal experiences. Experiences he has lived to the full and which have marked his gradual and subtle evolution.

After many shared moments, today I consider him a good friend. Someone who has offered me, and many others, an alternative to start to be somebody.

Thank you FR,

Jose Albors

PRELUDIO

Continuidad, madurez, el origen de todo... Cuando pienso en este libro, y en el trabajo que recopila, recuerdo muchos momentos que nos ha tocado vivir este año. Momentos complicados, de gran pasión, de mucha tristeza; algunos sólidos y otros frágiles, inestables. Momentos que buscaban esa madurez y continuidad y que seguramente culminan el mejor año de mi vida, aunque ahora no lo sepa reconocer.

Ha sido un año de mucho trabajo con la compañía de un equipo excelente, maduro y fiel que me ha permitido expresar simplicidad y equilibrio en las formas, las texturas y los cromatismos. Una armonía general que nos ha llevado a recuperar el amor hacia el material noble, sin artificios, y a conseguir esa sensibilidad emotiva en cada uno de los espacios.

Este libro recopila proyectos que expresan el cariño por las cosas bien hechas, donde el espacio es el único protagonista y donde se elimina todo elemento disperso y de moda fácil. Hemos sabido dialogar y entender cada uno de nuestros proyectos, y es un verdadero privilegio poder contarlo.

A partir de ahora todo está abierto, todo puede cambiar. Yo seguiré mi camino con la ilusión de conseguir que todo vuelva a su origen...

A mis padres, que me han educado en el valor de las cosas bien hechas.

Francesc Rifé

PRELUDE

Continuity, maturity, the origin of everything… When I think about this book and all the works it gathers together, I cannot help recalling all the moments we have spent together this year. Difficult but passionate moments, sad moments too. Some of them were moments of soundness, some were delicate, unsettled. Those moments were in search of that maturity and continuity, and they probably mark the end of the best year of my life, even though I cannot realize it now.

An outstanding team has stayed with me during this busy year. A mature, loyal team which has allowed me to express simple and balanced shapes, textures, and colour range. This overall harmony has led us to recover the love for fine, unadultered materials and to achieve a sensitivity for each space.

This book compiles projects expressing the love for things well done. Projects where space is the major player and all the scattered and easy to resort fashion elements have been removed. We have not feared dialogue and we have understood every project, being now a privilege to talk about them.

From now, everything is open and changeable. I will continue my path with the hope of making everything return to its origins…

To my parents, who raised me in the value of doing things well.

Francesc Rifé

FRANCESC RIFÉ
Commercial Spaces
& More

CARHARTT BARCELONA & MADRID

La marca americana de ropa Carhartt nos encargó el diseño de dos de sus tiendas, una en Madrid y otra en Barcelona. El nuevo concepto de tienda debía reflejar la filosofía de una marca que nació de la necesidad de vestir a los trabajadores americanos del Viejo Oeste. La firma ha permanecido fiel a su origen haciendo ropa de calidad, cómoda y con la mayor durabilidad posible. La intemporalidad y la apuesta por lo genuino contribuyen a su sostenibilidad.

Partiendo de esa premisa, se planteó un proyecto inspirado en la recuperación de lo natural, de la materia prima. Por ello, se escogió la madera maciza sin tratar para crear una estructura a base de tablones apilados, tal y como se almacenaban en las antiguas serrerías. Los tablones están distribuidos de forma irregular, creando aberturas estratégicas que permiten la colocación ordenada de las prendas sin la necesidad de utilizar elementos adicionales para exponerlas. Incluso se diseñó un fresado exclusivo para poder colgar la ropa con comodidad.

El pavimento vinílico y el techo, con las instalaciones vistas, se pintaron de negro para aportar una mayor uniformidad al espacio. El mobiliario central cumple la doble función de delimitar las zonas de exposición y circulación y de servir como área de almacenaje.

Carhartt, the American clothing company, entrusted us the design of two of its retail stores in Madrid and Barcelona. The new stores concept should reflect the brand's philosophy, for it was born to dress the workers from the Old West. The brand has remained loyal to its roots manufacturing quality, comfortable, and highly durable clothes. Timelessness and commitment to the genuine things contribute to this long-lasting brand.

From that starting point, a project inspired in the return to natural things and raw materials was proposed. Untreated solid wood was chosen to create a structure based on stacked boards following the way they were stored in the old sawmills. The boards are unevenly distributed and they create strategic openings allowing a good storage of clothing without the need to use any other additional element to show it. A special milling was designed to hang the clothes conveniently.

The vinyl flooring and the ceiling, with the electrical lines laid visibly, were painted in black to provide uniformity to the space. The central furniture has a dual purpose: it delimits the display and circulation areas, and it is used as a storage area.

The retail store in Barcelona is located in
L'illa shopping centre and it covers an area of
43 m². The wood used was solid French oak.

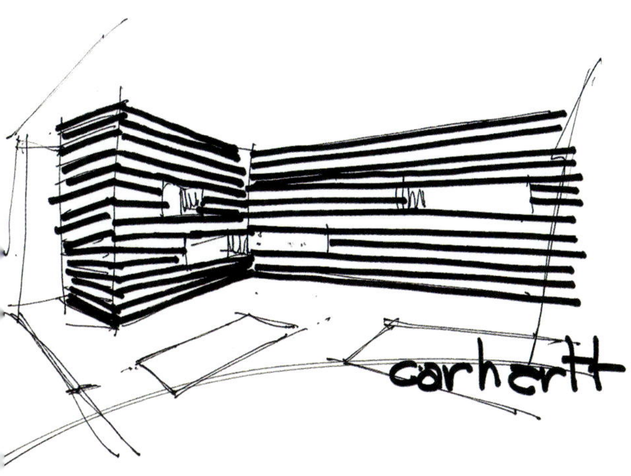

The retail store in Madrid covers an area of 110 m². The large space allowed to mix natural lacquered and black stained oak, which resulted in a very dynamic finishing. This space also combines the use of wood with a system of metal framing in order to create display and storage areas at different heights.

El proyecto se inspira en el antiguo sistema de almacenaje de las serrerías. Los tablones apilados de madera sin tratar son el alma del local.

The project is inspired by the old storage system used at sawmills. The stacked boards made of untreated wood are the key element of the store.

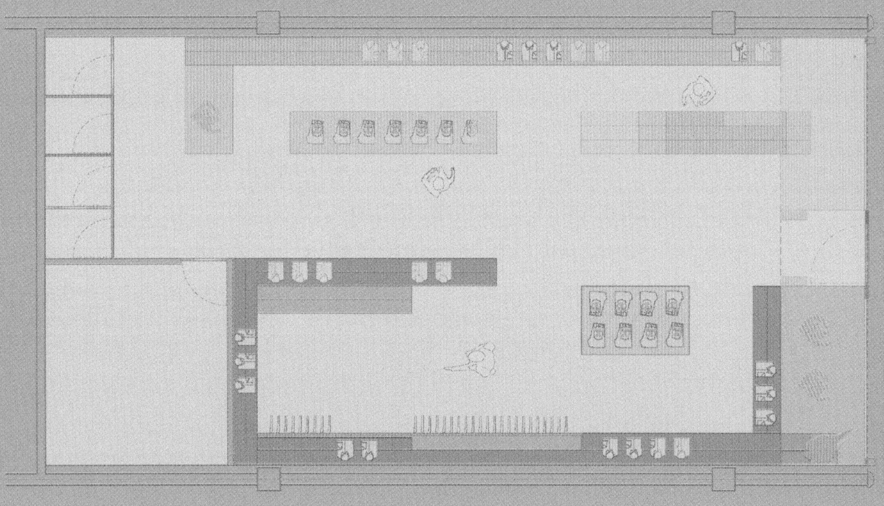
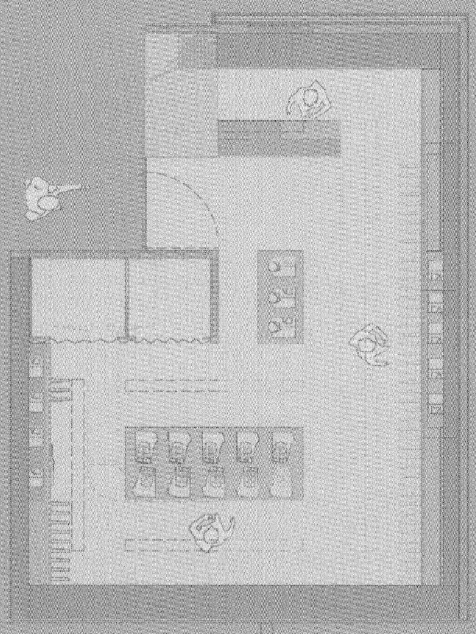

Planta de Madrid - Planta de Barcelona / Madrid floor plan - Barcelona floor plan

carhartt
carhartt
carhartt
carhartt

SANA HOTEL

El edificio de este hotel ocupa una sobria y elegante manzana de la ciudad de Berlín; por ese motivo, se utilizó el granito negro para resaltar su emplazamiento. Este material y su despiece marcan el diálogo con el interior.
En la fachada, varias aberturas sobre módulos retroiluminados de color verde siluetean el contorno. En la planta baja, donde se encuentran el *lobby* y los restaurantes, se dispuso un cerramiento acristalado para dar transparencia a la zona pública. El *lobby* de doble altura se trató de forma especial, con un material de chapa expandida y acabado de cadmio que le da esa textura y ese color verdoso que imitan a la cerveza, tan consumida en la ciudad. Las zonas que conviven con esta malla se resolvieron con madera teñida de negro para aportar protagonismo a la chapa plegada.
El *lobby*, con mobiliario de Ziru diseñado por el estudio, tiene acceso a los ascensores revestidos con espejo fumé y a la recepción, diseñada como prolongación de una de las curvas de malla. Los pasillos, asimismo de concepción sencilla, tienen una iluminación poco estridente. La señalética también forma parte de la arquitectura visual de estas zonas de paso. Su textura, más bien oscura, nos conduce hacia unas habitaciones al contrario iluminadas, tanto por el juego de luz artificial, como por la claridad natural de los grandes ventanales.

The building encompasses a sober, elegant block of the city of Berlin. This is why black granite was chosen to highlight its location. This material and the work on it mark the dialogue with the interior.
On the façade, several openings on green backlit modules shape the contour. On the ground floor, where the lobby and the restaurants can be found, a glass enclosure makes the public areas more visible. The double-height lobby was treated with expanded metal sheets with a cadmium finishing to give it a texture and greenish colour which imitates beer. Areas next to this material were covered with black stained wood in order to highlight the folded sheets.
The lobby is furnished with pieces by Ziru made for the architectural studio. It has access to the lifts, lined with smoked mirrors, and the reception, designed as an extension of one of the mail curves. The corridors have a simple design and soft lighting. The signage is also part of the visual architecture in these circulation areas. Rather dark, they lead to bright bedrooms, which get their light thanks both to the lamplights and the natural light coming through the large windows.

Berlin   2010

La curvatura de los paramentos verticales nos introduce en los dos restaurantes, situados a ambos extremos del edificio, y en los bares y *pubs* situados en la parte continua al *lobby* y en la zona posterior de ascensores.

The curves of the vertical sufaces introduce us into the restaurants, at both ends of the building, and the bar and club next to the lobby area and at the back of the lifts respectively.

 | Comercial / Commercial

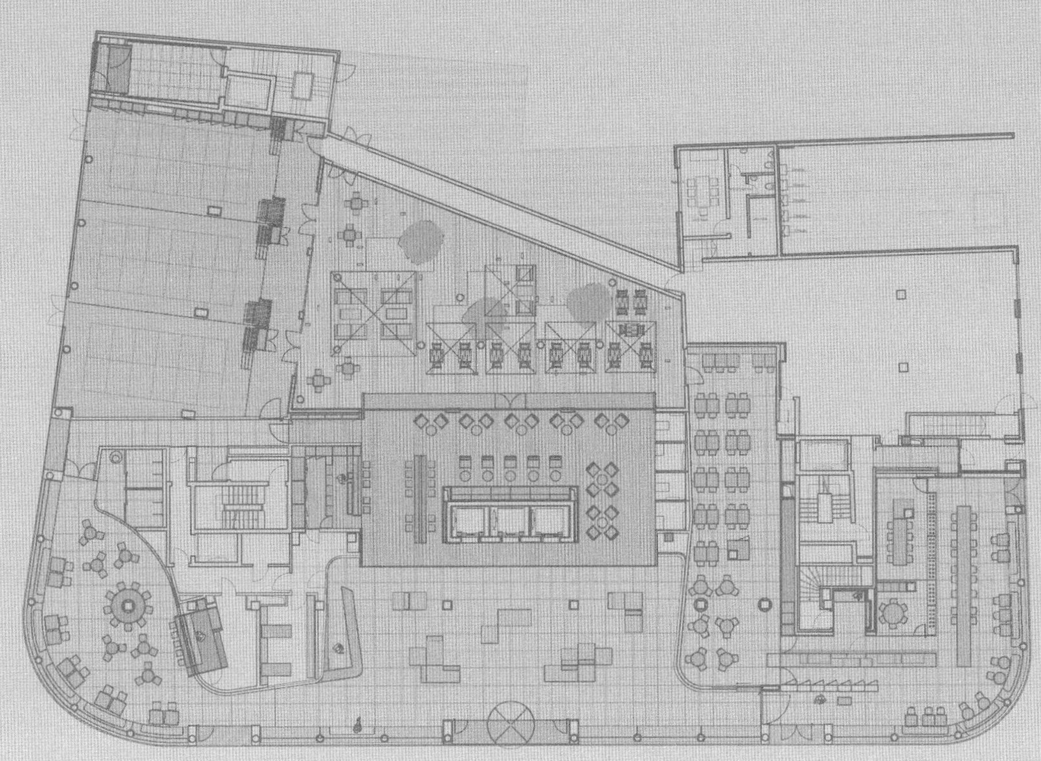

Planta baja / Ground floor

Las habitaciones se han diseñado utilizando dos acabados diferentes, el lacado claro brillante y el roble. El baño, delimitado parcialmente con cristal fumé laminado, tiene un registro integrado de espejo de forma circular.

Bedrooms were designed using two different finishings, light shiny laquer and oak wood. The bathroom is partially demarcated by a smoked glass which has an integrated round mirror.

Canalla Bistro

Este restaurante, emplazado en una zona céntrica de Valencia, es un espacio informal y muy urbano. El elemento más destacable del diseño es el material empleado para la concepción del espacio: cajas viejas de naranjas. Este componente de la vida y la tradición valencianas se reutilizó en varios formatos para personalizar el techo, diseñar el mobiliario y fabricar el revestimiento.

Para la construcción de este último se desmontaron las tablillas que forman las cajas y se dispusieron a modo de *patchwork*, de esta manera se consiguió una interesante composición. Este procedimiento se utilizó para revestir la entrada, la recepción y la zona de espera.

Con el mismo sistema de *patchwork* se construyeron las mesas y un banco de 17 metros que ocupa uno de los laterales del restaurante. En la pared opuesta al banco se dispuso un sistema de almacenaje compuesto por cajas de cerveza y de naranjas. Esta estructura situada en la pared sirve para camuflar el acceso a los aseos.

Al fondo del restaurante se ubican otro comedor, más reservado, y la cocina, a la que los comensales tienen acceso visual desde las mesas. El techo de esta área, así como el de la entrada, está revestido con las propias cajas de madera, que, colocadas estratégicamente junto a los focos, crean un efecto escenográfico de luces y sombras.

El color negro en paredes y techos aporta uniformidad al espacio y sirve de lienzo para los grafitis de PichiAvo.

This restaurant, located in Valencia's downtown area, is an urban and informal space. The most outstanding feature in the design is the material chosen to create the space: old orange crates. This very popular element in the Valencian life and culture was reused and transformed into various formats to give character to the ceiling, design the furniture, and manufacture the floor covering.

To create the floor covering, the crates boards were dismantled to be arranged as in a patchwork, thus creating an interesting result. This procedure was followed to cover the entrance as well as the reception and waiting areas.

The patchwork idea was also used for the tables and a 17 metres-long bench along one of the sidewalls of the restaurant. The opposite wall to the bench displays a storage systems made up of beer crates and wooden orange crates. This ensemble conceals access to the toilet rooms.

The back of the restaurant is aimed to accommodate a more private space with some tables near the kitchen. Both ceilings at this area and that of the entrance are covered with wooden crates, which were placed next to the spotlights creating an scenographic interplay of shadows and ligths.

The black colour in walls and ceilings makes the space uniform and is a canvas for the artist PichiAvo's graffiti.

Comercial / Commercial

ESPERA
AQUÍ
y tómate algo
CANALLA
COOP. FRUTAS YECLA

To create the floor covering and furniture, the old
orange crates boards were dismantled. The chairs,
white and grey, are Santa & Cole's model Belloch.

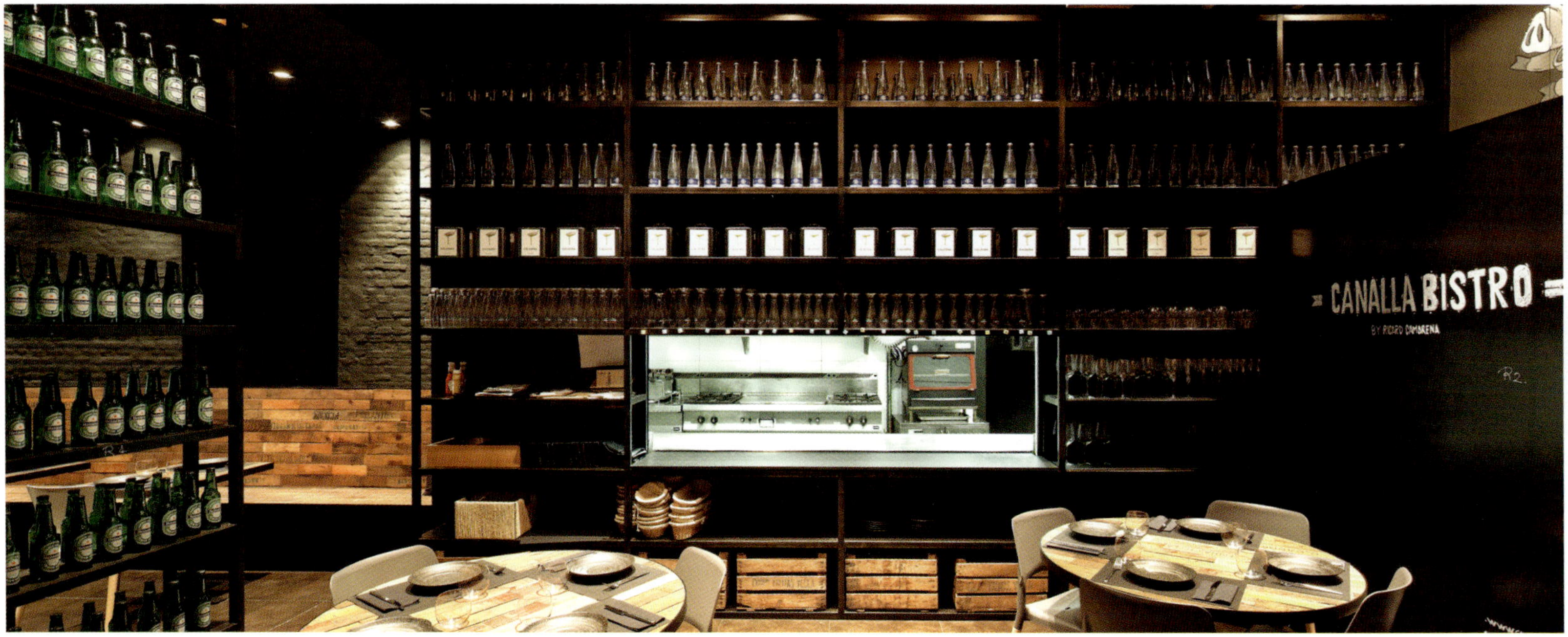

CANALLA BISTRO
BY RICARD CAMARENA

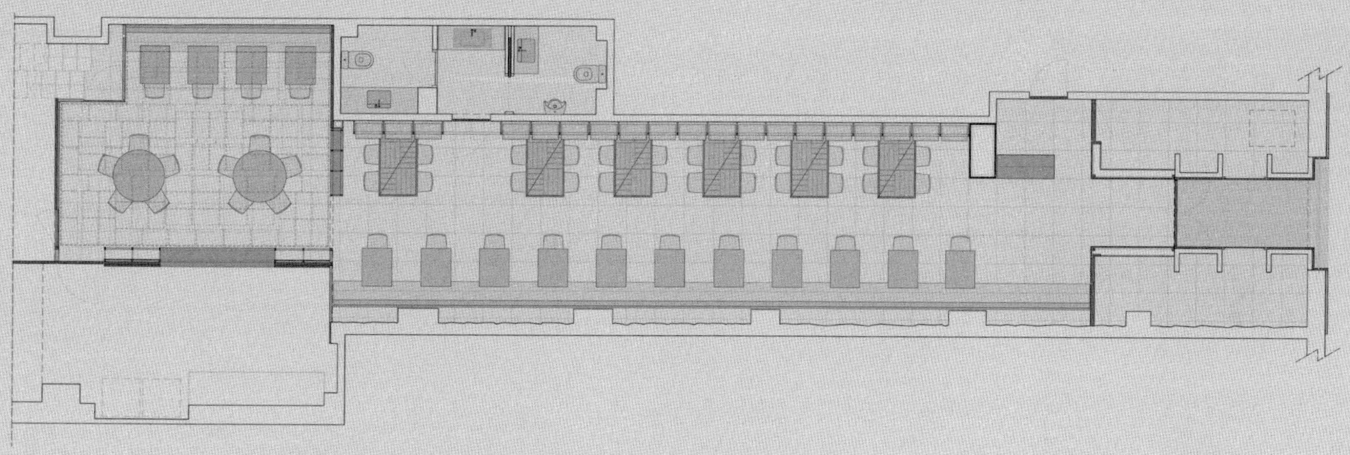

Planta y sección / Floor plan and section

EG10 Gran Palas, Palas & Gallery

Estos locales comerciales se sitúan en los bajos e interiores de los hoteles Palas y Gran Palas de La Pineda (Tarragona). Relativamente cercanas entre sí, las *boutiques* se realizaron con madera de roble teñida de negro.

El elemento destacado en el diseño de las tiendas es la iluminación, que se dispone en el plano horizontal –en el techo– y vertical –en las paredes de los locales–. Este sistema de retroiluminación permite jugar con la luz en lo que se refiere a graduación, potencia y color. La pared retroiluminada va acompañada de una estructura metálica que funciona como mostrador para colgar, doblar y exponer el producto. Este juego de líneas metálicas de estructura tubular crea un sistema de organización con mucho movimiento.

En todas las *boutiques* el producto «se esconde» en la propia estructura de la tienda, de este modo no existe una zona específica de almacenaje. Estos armarios integrados también se diseñaron con lamas de madera de roble teñida de negro, cuyos diferentes niveles esconden el sistema de apertura.

También se diseñaron volúmenes centrales que sirven de expositor-contenedor e incluso de caja registradora. En dos de los locales el pavimento se resolvió con un suelo textil de color oscuro, mientras que en otro se conservó el mármol original.

These commercial premises are located at the ground floor and inside the Palas and Gran Palas hotels in La Pineda (Tarragona, Catalonia). These boutiques, which are relatively close, were made with black stained oak wood.

The noteworthy element in these boutiques is lighting, which is set both horizontally – along the ceiling – and vertically on the walls. This backlight system allows to adjust light intensity and colour. The backlit wall comes with a metallic structure that works as a counter where products are hung, folded, and shown. This game of metallic lines with tubular structure creates a dynamic organization system.

Products are "hidden" in the structure of the boutique itself, so there is no dedicated area for storage. These integrated closets were also designed with black stained wood slats whose various levels hide the opening system.

Some central elements were designed to be used as display stands, containers or even cash registers. While one of the boutiques kept its original marble floor, the other two were covered with a dark textile floor.

La Pineda   2012

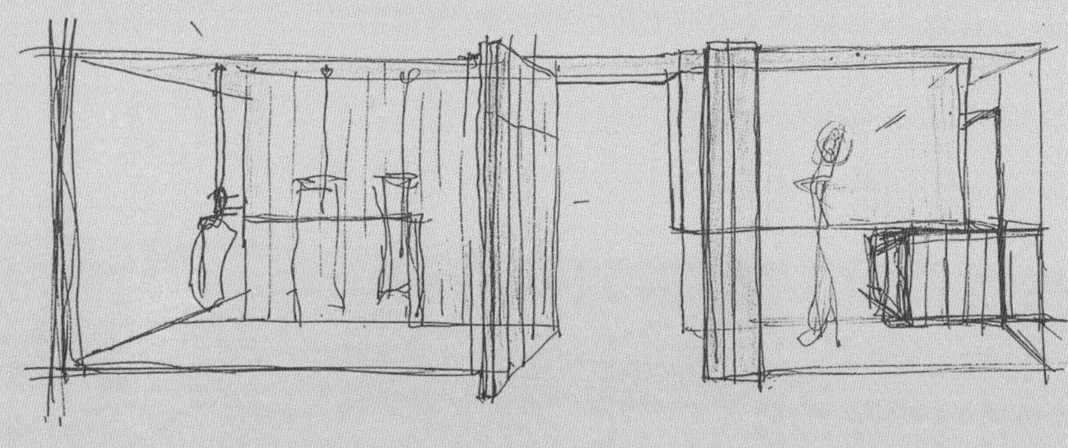

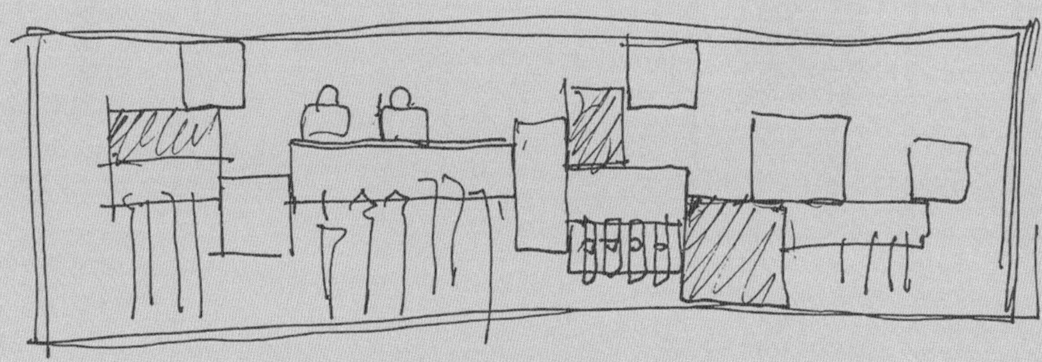

Varias estructuras metálicas funcionan como mostrador para colgar, doblar y exponer el producto. Este juego de líneas metálicas de estructura tubular crea un sistema de organización dinámico.

Several metallic structures work as counters to hang, fold, and show products. This game of metallic lines with tubular structure creates a dynamic organization system.

CARO HOTEL

Este hotel monumento se compone de una serie de elementos y culturas integradas que se han ido desvelando a través del tiempo. La estructura está marcada por una importante muralla almohade de unos 15 metros de altura, del siglo XII, que atraviesa todo el edificio longitudinalmente –desde el restaurante hasta el primer nivel de habitaciones–. También la escalinata, del siglo XIX, fue trascendente como rótula generadora de los espacios. Junto a la escalera, hay un mosaico del que se dice que es el más antiguo de la ciudad de Valencia (siglo I a. C.) y, finalmente, un arco escarzano que nos abre el paso hacia la zona del bar, continua al *lobby* y a la terraza exterior.

El *lobby* se dispone como espacio distribuidor: hacia la recepción, integrada como una caja de luz dentro de la propia pared de obra vista original; hacia la escalinata, que lleva hasta las primeras habitaciones y la biblioteca; hacia el acceso interior del restaurante y los servicios públicos; y, finalmente, hacia su lado contrario, el Meta Bar y la terraza. Se utilizaron materiales neutros, como suelos de resinas brillantes de colores muy claros y mármol arabescazo para la barra del bar. Las paredes se pintaron del mismo color que los pavimentos con la idea de que se integraran al máximo con el mobiliario diseñado por el estudio, que convive con otras piezas de autor.

Las 26 habitaciones que conforman el hotel son distintas. La complejidad de los espacios hizo que cada área de descanso requiriera un tratamiento especial y diferente.

This boutique hotel is made up of many elements that have been revealed throughout the years. The main element in the structure is the imposing wall from Almohad age which reaches 15 metres high. The wall, dated from the 12th century, crosses the building lenghtways, from the restaurant to the rooms in the first floor. The 19th century staircase is important because it leads to several spaces. Next to the staircase, there is a mosaic from the 1st century B. C., which is believed to be the oldest in the city, and a segmental arch shows us the way to the bar, continues to the lobby and to the outside deck.

The lobby leads to several spaces: the reception, integrated as a light box inside the original exposed brick wall; the staircase, which leads in its turn to the nearest bedrooms and library; the restaurant's interior access and the public toilets, and finally, the Meta Bar and terrace on the opposite side. Neutral materials such as brigh resin flooring in very light colours or the arabesque marble for the counter in Meta Bar were chosen. Walls were painted the same colour as the flooring with the aim of integrating them as much as possible with the furniture designed by the studio, which interacts with other signature pieces.

All the 26 bedrooms in the hotel are unique. The complexity of the space needed a different, special treatment for each rest area.

This hotel is as a small museum as well. In a very subtle way, it exhibits highly important pieces like the above mentioned mosaic, some parts of column's bases, wooden cofferings, or small vessels, among others.

META
BAR

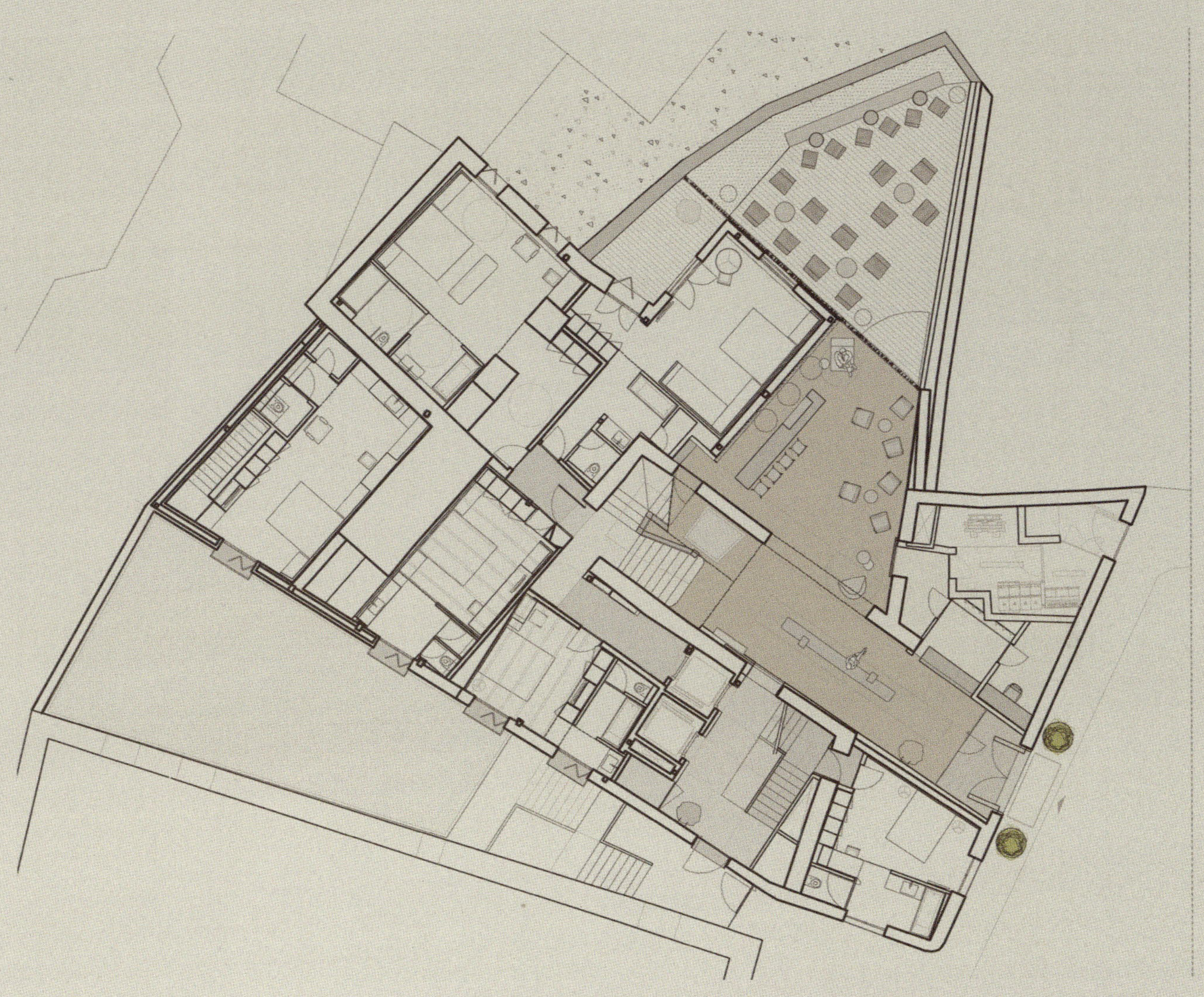

Planta baja / *Ground floor*

The suite, placed on the first floor and projecting on the main façade, has a beautiful French style coffering in the living area and a restored ceiling fresco in the bedroom area.

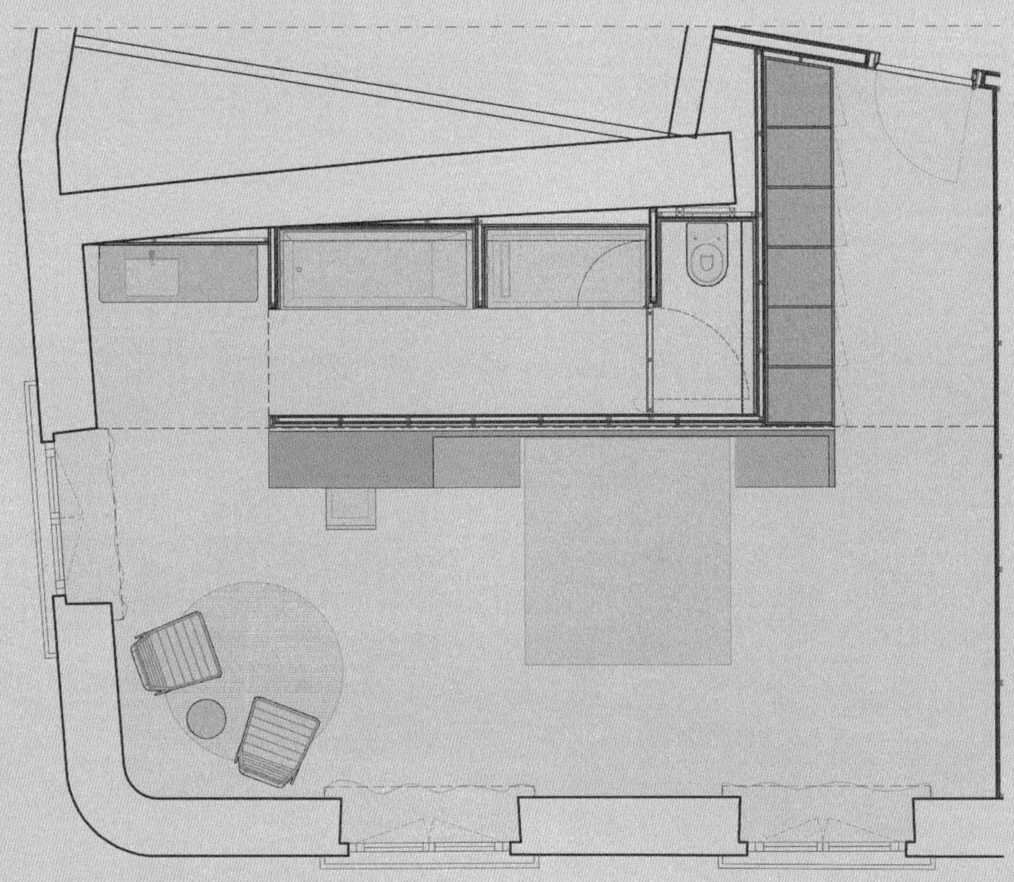

Planta de la habitación / *Bedroom floor plan*

Suelos de hormigón, color visón y paredes del mismo tono contrastan con los colores tierra de los muros antiguos –de ladrillo y piedra– y del mobiliario –de madera de roble teñida y lacas brillantes–.

Both the concrete floors and the walls are painted in mink and contrast with the earth colours of the ancient walls, made of brick and stone, and the glossy lacquered furnishings made of stained oak.

Los dormitorios ubicados en zonas parcialmente nuevas se solucionaron con el propio hormigón estructural como símbolo de nuestro siglo, que proyecta un espacio más minimalista pero con la misma sensibilidad que el resto.

For the bedrooms in the partially new areas, the structural concrete was used as a symbol of our century. It projects more minimalist spaces, yet with the same sensitivity as the remaining rest areas.

Sección de la habitación / *Bedroom section*

También son interesantes las buhardillas, equipa-
das con una calidez espacial y material gracias a sus
revestimientos originales de vigas de madera y de
ladrillos refractarios de color rojizo.

The attics are equally interesting. The original coating
of wooden beams and reddish coloured fire bricks creates both a material and spatial warm atmosphere.

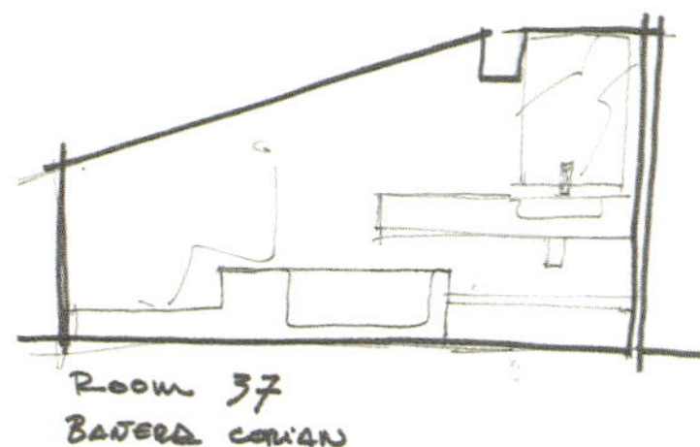

CENTRAL BAR

Situado en un entorno emblemático como el Mercado Central de Valencia, el Central Bar cumple con las funciones de los locales tradicionales de las plazas de abastos, con el valor añadido del diseño.

El bar cuenta con una barra perimetral que proporciona un contacto directo con la clientela, con una cocina revestida de cristal que permite ver cómo se trabaja y con un espacio cerrado en la parte posterior de la isla que acoge las cámaras frigoríficas y el almacén.

La esencia del proyecto es la reinterpretación del uso de la cerámica, que forma parte de la idiosincrasia valenciana y se utilizó para vestir las paredes y la barra del bar. La sencillez del material base, la terracota, crea un paralelismo con la cocina de Ricard Camarena, que destaca por su humildad y por el uso de materias primas de alta calidad.

Para aportar personalidad al espacio se jugó con la textura y los acabados de la cerámica. Así, en algunas áreas se colocaron las piezas del revés, de modo que se creó una interesante textura irregular de color barro. En otras, se dispusieron por su parte frontal, de color negro vitrificado, para ayudar a integrar el resto de materiales y colores. Las piezas de cerámica negra combinan con otras del mismo color en forma de celosía, muy característica de las antiguas construcciones mediterráneas. El color gris del acero inoxidable matizado y del cristal de la cocina contrastan con la calidez de la cerámica.

Located at an emblematic setting, the Central Market in Valencia, Central Bar fulfills the functions of traditional premises in food markets but it has the added value of modern desing.

This tapas bar has a perimeter counter that allows direct contact with the customers. Work in the kitchen can be seen through the glass where it is enclosed. There is a closed space in the back of the island for storage and cold stores.

The reinterpretation of ceramics use is the essence of the project. Given that this material is part of Valencian idiosyncrasy, it covered the walls and the counter. The simplicity of the base material, terracotta, parallels Ricard Camarena's cuisine, which can be distinguished by its humility and use of quality raw materials.

A game of ceramic textures and finishings was created to add personality to the space. Some pieces of ceramic were turned inside out for an interesting and irregular texture in terracotta. Some others were installed on its black vitrified part in order to help the integration of the remaining materials and colours. Black ceramic pieces combine with others in similar colour placed in the form of a lattice, characteristic of many ancient Mediterranean buildings. The warmth of ceramics contrasts with the stainless steel kitchen and its glass.

CENTRAL BAR
Tomate Valenciano 5€
Gamba blanca 100gr 10€
Cebolla a la llama con
salazones 6€
by Ricard Camarena
Salazones Emilia

CENTRAL BAR

Central Bar
by
Ricard Camarena
tomate

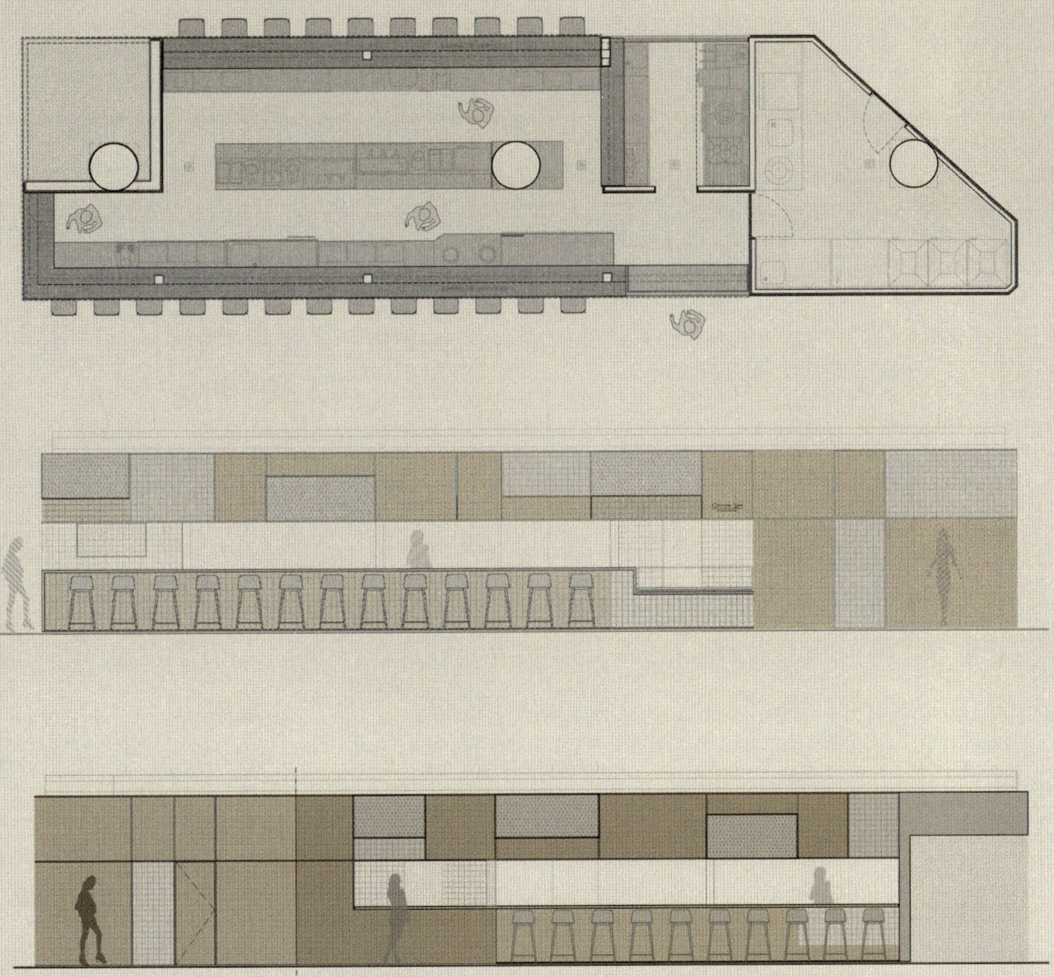

Alzados interiores y planta / *Interior elevations and floor plan*

Roca Dubái

Situado a 200 metros del Burj Khalifa, la torre más alta del mundo, el espacio Roca Al-Shamsi de Dubái cuenta con aproximadamente 1.000 m², distribuidos en dos plantas de fachada acristalada. La primera planta acoge varios ambientes en los que se exponen las principales colecciones de la firma. Además, en este nivel se ubica la recepción, en la que un mapamundi muestra la internacionalización de la empresa.

En ambas plantas se optó por tonalidades oscuras como el negro y el gris; de este modo, los ambientes y expositores destacan todavía más. Un dintel de madera listonada conecta el *showroom* de lado a lado y unifica la diversidad de ambientes de la primera planta y las escaleras de acceso al piso superior. En estas escaleras, revestidas en negro, se proyectan a escala 1:1 imágenes de «Rituals», una instalación interactiva sobre las experiencias vitales dentro del espacio del baño.

La planta superior, en forma de U, dispone de salas de reuniones, de una zona de despachos, de una zona técnica y de lavabos públicos. En este nivel se exponen productos como lavamanos, columnas de ducha, cerámica y accesorios. El techo semiabierto se construyó a partir de un listonado de aluminio de color blanco que esconde el aire acondicionado y los detectores de incendios y, a la vez, integra los proyectores. Varias cajas de luz retroiluminadas delimitan el espacio expositor y le proporcionan protagonismo.

Located 200 metres from Burj Khalifa, the tallest building in the world, Roca Al-Shamsi building in Dubai has 1,000 m² approximately arranged in its two glass-frontaged floors. The first floor is home to different settings where the main Roca collections are displayed. This floor also hosts the reception, where a map of the world shows the company's internationalization.

Both levels have been decorated with dark tonalities such as black and grey enabling the settings and display stands to be even more noticeable. A finger-joint wooden lintel goes across the showroom and brings the first floor settings and the stairs, leading to the second floor, together. Images of "Rituals", an interactive installation about life experiences inside the bathroom space, are projected at 1:1 scale on these black stairs.

The U-shaped second floor has got some meeting rooms, an office area, a technical area, and public toilets. This level shows bath fittings as washbasins, shower columns, tiles, and accessories. The semi-opened ceiling was made from white aluminium strips which both hide air-conditioning and fire dectectors from the public eye and integrates the projectors. Several backlit boxes enclose the display area and help to bring a focus on it.

La primera planta, con acceso a pie de calle, tiene varios ambientes de exposición.
Entre ellos, destaca la isla central con la
colección Armani Roca.

The first floor, from where we can go outside,
provides several display settings. Prominent
among them is the central island showing
the Armani Roca collection.

BILLION PEOPLE
CLEAN WATER

CERAMIC & PORCELAIN TILES
BATHROOM SETS
WALL PAPERS
WOOD FLOORING
WATER HEATERS
PRAYER AREA
TOILETS

01
Bathroom Collection
FRONTALES
MORE THAN 200 CHILDREN
FOR
DRIN

Ricard Camarena

Tras haber colaborado en varias ocasiones con Ricard Camarena (una estrella Michelín) y conociendo su forma de ser, cocinar y ver el mundo, surgió la idea de este proyecto, con el que se quiso recrear un espacio en el que sentirse como en casa. El resultado es un ambiente maduro y sencillo basado en materiales puros y de calidad que dialogan a la perfección con la cocina del chef valenciano. La sencillez y la sobriedad del interiorismo radican en el uso de un solo material para el pavimento, las paredes y el techo: una mezcla de microcemento y cal de color gris visón.

El material que aporta calidez al proyecto es la madera de roble. En su estado más basto se utilizó para la mesa del reservado y la que conecta con la cocina, así como para algunas auxiliares. La madera se quiso mantener lo más natural posible, puesto que la mesa es el origen de la interacción entre el comensal, el cocinero y la comida.

Aprovechando la estructura del restaurante, se dispuso un reservado con una atractiva volumetría envolvente, creada a partir de un listonado macizo de madera —también de roble—. En esta área se sitúan los aseos, que destacan por su sencillez. Su acceso se revistió de espejo, que refleja y multiplica el efecto del listonado del reservado. El volumen de la bodega semivista separa la zona de espera y el reservado del resto de mesas.

After some previous collaborations with the Michelin-starred Ricard Camarena, this project stems from the chef's very nature, the way he sees the world, and the way he cooks. The project wanted to recreate a space to feel like home. The result is a simple and mature atmosphere based on quality, pure materials which perfectly match with the Valencian chef's cuisine. Simplicity and sobriety of the interior design are due to the use of a single material for the flooring, walls, and ceiling: a blend of microcement and mink coloured lime.

The oak wood adds warmth to the space. This thick wood was used in the table of the private room, as well as in a table connecting with the kitchen and some side tables. The wood was meant to be as natural as possible, since the interaction between diners, cook, and food originates in the table.

The restaurant structure favored the creation of a private room of attractive, surrounding volumes. It was planned from solid oak wood strips. The toilet rooms in this area stand out for their simplicity. Access to them was lined with mirrors, which reflect and multiply the strips effect in the private room. The half-exposed wine cellar demarcates the waiting area and the private room from the other tables.

Valencia   2012

The wood strips create an interesting interplay of shadows and
lights which gives a great deal of personality to the space (go to
previous page). The access corridor is the perfect place to embark
on the exploration of the chef's personal history through some of
his books, personal items, or pictures.

The biggest table in the restaurant, apart from the table in the private room, is installed right next to the kitchen and lets the diners discover the insights of Camarena's cuisine. Diners' interaction with the kitchen is total.

RECAREDO

La intervención realizada en estas conocidas cavas ocupó varias etapas. La última involucra el acceso desde la calle, que se efectúa a través de un pequeño vestíbulo listonado de madera de iroco. Este material, elemento conductor del proyecto, aporta nobleza y rigurosidad al espacio, características que también transmite el cava que aquí se produce.

Después del listonado, se sitúa una puerta corredera a través de la cual se accede a un espacio de exposición de productos históricos y a un mostrador que sirve de punto de información y venta. En esta zona se reforzaron y restauraron los techos abovedados, se colocó una iluminación perimetral de ledes corridos y se creó un nuevo sistema de venta.

También de iroco es el banco corrido que subdivide el espacio y que deja la segunda nave a la izquierda como un expositor de productos, que se intercalan con información gráfica y señalética de la historia de las cavas. El color escogido para el proyecto, verde botella, hace una clara referencia al producto y contrasta con el acabado natural de las bóvedas y la madera. En la cava se diseñó una bodega a partir de una estructura metálica pavonada de forma escalonada en la que se guardan botellas muy especiales.

The project for these well known sparkling wine cellars was performed in stages. The last stage involves access from the street, which is achieved through a small lobby lined with iroko wood strips. This material was a key element in the project because it provides quality and rigor to the space, which are also features characteristic of the cava.

Beyond the lobby, there is a sliding door leading to an exhibition area with historical products, and a counter used as an information desk and point of sale. The vaulted ceilings in this area were restored and reinforced. In the same way, perimeter lighting with lined LED lights was installed, and a new sales system was created.

The bench that subdivides the space – and leaves the second premises on the left to work as a products exhibitor – is made of iroko wood as well. The products exhibited show graphic and signage information of the cellar's history. Bottle green is the colour chosen for the project since it is a direct allusion to the product and it contrasts with the natural finishing of vaults and woods. A wine cellar was also designed from a metallic structure, blued in a staggered way, where very special bottles are kept.

Sant Sadurní d'Anoia   2012

The structure of blued iron slats allows access to the cava Turó d'en Mota (following page). The exhibition and point of sales
of the cellar mixes green bottle colour with
iroko wood and reddish ceilings.

Comercial / Commercial

TURÓ D'EN MOTA

Comercial / Commercial

Restaurant Nu

La piedra del barrio antiguo de Girona se cuela por las puertas, las ventanas y la fachada del restaurante que dirige el chef Pere Massana (una estrella Michelín). Este material se convierte en el protagonista de todo el proyecto y consigue alcanzar su versión más contemporánea en la estructura del techo.

La elección de la piedra natural para el proyecto refleja la vuelta a los orígenes y la sencillez de la cocina del Nu. De este modo, se apostó por cubrir parcialmente la fachada con diferentes relieves de piedra natural con el fin de respetar la intimidad de los clientes. Esta actuación permite, además, admirar desde el exterior el minucioso despiece de la piedra del techo, proyectado como continuación del lenguaje vertical de la fachada. Esta se diseñó siguiendo los esquemas de una cuadrícula y creando espacios en negativo que permitieran camuflar puntos de luz, altavoces o elementos de climatización.

Una gran barra de piedra se convierte en todo un palco de lujo que permite disfrutar de los sabores originales y contemplar la elaboración de los platos fríos. El revestimiento de opalina de color verde y la madera oscura del mobiliario contrastan con la neutralidad de la piedra.

Al final de la sala se ubicó la zona de cocina más elaborada, visible para el cliente, así como el área de cámaras y limpieza, a la que se accede por una puerta corredera y que dispone de una salida independiente al exterior.

The natural stone from the Girona's old quarter gets in through the doors, windows, and the façade of the restaurant managed by Pere Massana, the chef awarded a Michelin star. This basic material becomes the key element of the project and achieves its most contemporanean version in the ceiling structure.

Choosing natural stone for the project means going back to the roots and simplicity of Nu cuisine. This way, the façade was partially covered with different reliefs of natural stone with the aim of giving the diners some privacy. Moreover, this allows to admire from the outside the meticulous work on the stone of the ceiling, projected as a continuation of the façade verticality. This was designed following the scheme on a grid and creating negative spaces which would allow to hide spots of light, loudspeakers, or climate elements.

A long stone bar gives a panorama view of the cold dishes elaboration and sits some diners to enjoy original flavours. The green opaline coating and the dark wood in the furniture contrast with the stone neutrality.

The elaborate cuisine area was built at the back of the space, where is visible to the diners. The cold store and cleaning area are located at this part of the premises too. This area can be accessed through a sliding door and has an independent exit to the outside.

Enfrentada a la barra, se colocó una línea longitudinal de mesas apoyadas sobre un banco de obra tapizado que recorre todo el largo del espacio y que se encuentra bajo los grandes ventanales.

Just opposite the bar, a longitudinal line of tables leaning on an upholstered construction bench were placed. The bench goes along the entire length of the space and is below the big windows.

PUJA

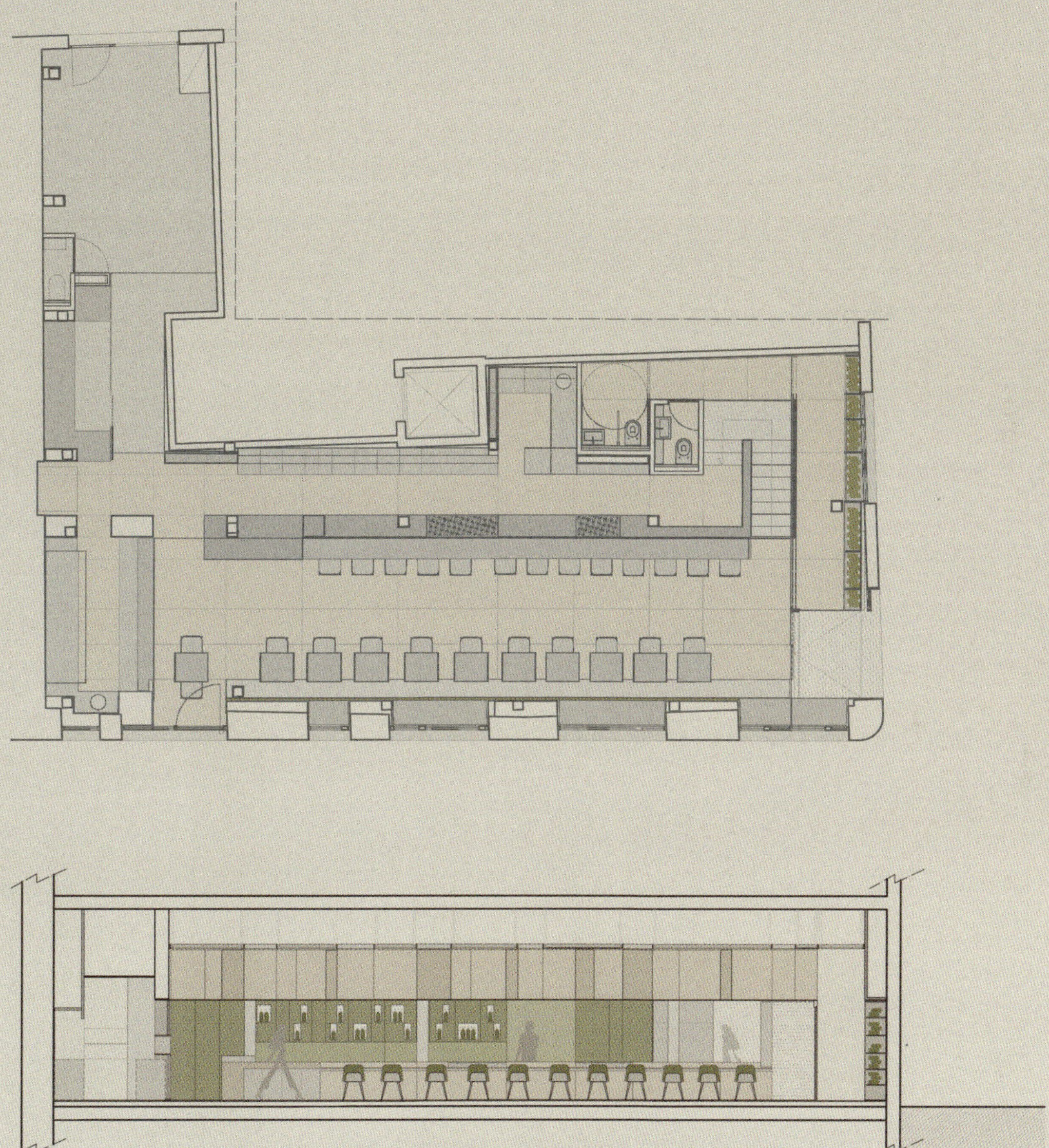

Planta y sección / Floor plan and section

N. A.

Se trata de la ampliación de la tienda de ropa Nino Álvarez, que el estudio había proyectado con anterioridad en la ciudad de Barcelona. En este nuevo espacio se expone ropa más *casual*, y el diseño de la tienda va acorde con ese estilo.

El acceso se realiza desde la zona de caja. A través de unas escaleras metálicas se llega a una semiplanta superior, delimitada por un gran vidrio fumé gris que permite ver buena parte del local. Esta área aparece como suspendida en el aire y conforma en sí misma un escaparate más dentro de la propia tienda.

El espacio se readaptó sin modificar la estructura. La tienda está compartimentada en varios escenarios, y en todos ellos hay piezas de mobiliario hechas a medida y compradas en ferias de segunda mano en ciudades como Amberes, Nimes o Barcelona.

Como elemento destacable, la sala central —en la que se expone la ropa más singular— está recubierta con bobinas de tela recicladas del piso inferior, donde se realizan trajes a medida. La sala contigua incluye un gran mostrador de nogal. Junto a este, un sofá capitoné preside las vistas al patio.

En esta área, los muros se sanearon dejando la estructura de obra vista. En los vestidores, así como en el acceso a la tienda, se utilizó madera reciclada de un proyecto anterior. El pavimento continuo de hormigón sigue la línea del de la planta inferior.

The project worked on the expansion of Nino Álvarez retail store, whose first project had already been carried out by the studio in the city of Barcelona. This new space shows more casual clothing and the store design goes hand in hand with this style.

Access to the store is able through the desk area. A metallic staircase takes the customer to an upper floor, which is defined by a large smoked grey glass and allows to see most part of the premises. This area seems to be air suspended and is, in itself, an added shop window inside the store.

The space was readjusted without modifying the structure. The store is divided into several spaces, which contain tailor-made pieces of furniture bought in second hand markets in places like Antwerp, Nimes, or Barcelona.

The central room, where the most singular clothes are shown, is covered with recycled fabric spools from the ground floor, a bespoke tailoring space. The next room hosts a large walnut counter. Beside this, an upholstered sofa overlooks the patio.

At this area, the walls were restored to leave the exposed brick structure. Recycled wood from a previous project was used for the changing rooms and the area accessing the store. The continuous concrete flooring follows the pattern on the ground floor.

Cada rincón de la tienda es como un pequeño escaparate. Entre los objetos *vintage* destacan varias librerías y estanterías, un mostrador y un sofá capitoné. También se recuperó la iluminación de gran formato y decorativa.

Every part of the retail store is like a small window shop. Among the vintage objects, there are several shelves, bookcases, a counter, and an upholstered sofa. The large-sized, ornamental lighting was recovered to add a perfect finish to the space.

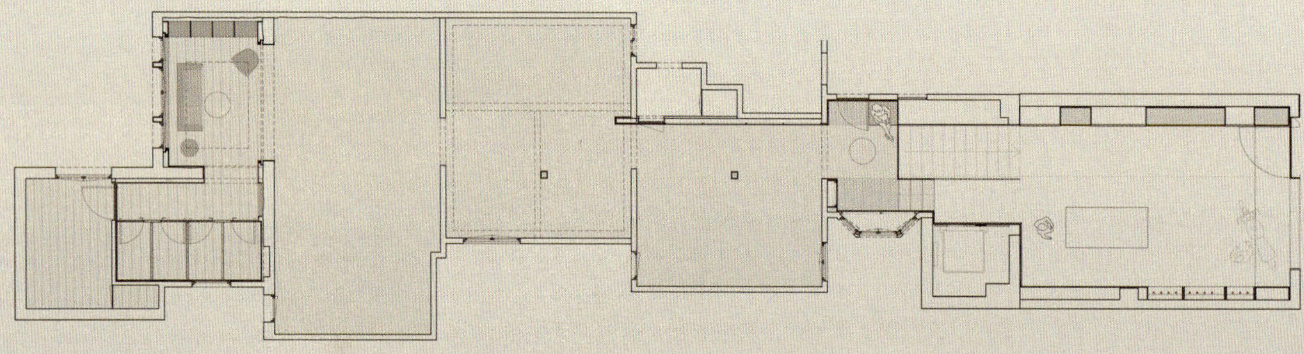

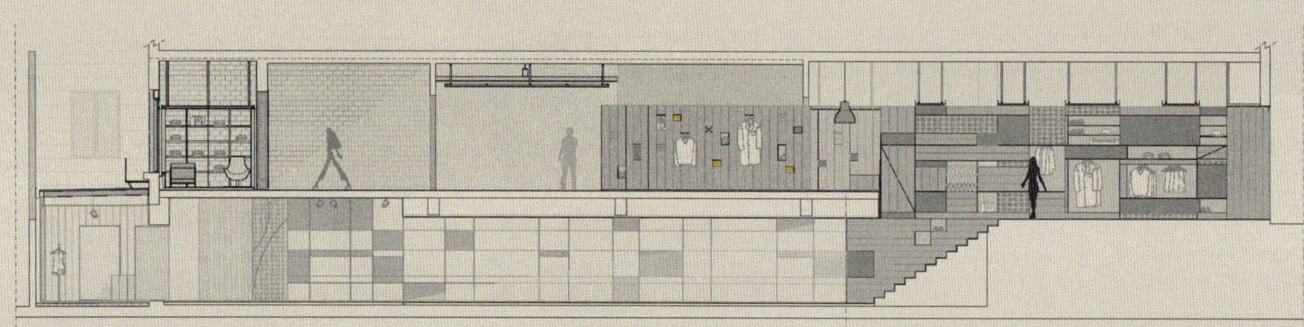

Planta y sección / *Floor plan and section*

CARHARTT IBIZA

El diseño de esta tienda en Ibiza es una evolución del estilo que el estudio ha ido implantando en los últimos proyectos realizados para la firma de ropa. La madera natural reciclada, denominador común de todos los locales, se recuperó de la propia isla y se colocó reproduciendo los tradicionales postigos.

Este material funciona como revestimiento, además de integrar puertas y esconder la zona de almacén, los aseos y las instalaciones. De forma aleatoria se colocaron varias estructuras de hierro pavonado negro que funcionan como estanterías y módulos para exponer la ropa.

El nuevo local reproduce el sistema de almacenaje de una antigua mercería, servicio que ofrecía antiguamente. A las zonas más altas se accede mediante escaleras, lo que permite aprovechar la altura de casi 4,5 metros de este local de reducidas dimensiones (68 m²).

Uno de los elementos destacados de la tienda es el cartel de neón diseñado por el artista Sanguinetti, que combina moda y arte. Los probadores se revistieron de espejo para crear un efecto mágico; este refleja elementos de la tienda y permite que un volumen de grandes dimensiones pase desapercibido.

En el centro del local se colocaron dos muebles isla que, además de expositores, funcionan como contenedores. Estos destacan también por su iluminación, de estilo industrial. Para el resto de la iluminación se utilizaron focos, que aportan una luz muy escenográfica.

The design in this retail store in Ibiza is the evolution of the studio's style for the last Carhartt projects. The recycled wood, which has been a common denominator, was recovered this time from the same island of Ibiza and was set out following the traditional shutters. It is arranged along the perimeter of the store and it works as flooring, integrates the doors, and hides the toilets, intallations, and storage area. Several black blued iron structures were placed randomly to work as shelves and modules to display clothing.

The new store, located in an old haberdashery, reproduces the storage system of the old business in an updated way. The higher storage areas can be reached by a staircase. This way, the full height – almost 4.5 metres – of this 68 m² premises can be better used.

One of the most important elements in the store is the neon sign, mixture of art and fashion, designed by Sanguinetti. The changing rooms were lined with mirrors to create a magical effect and allow some elements in the store to be reflected and some large volumes to go unnoticed.

At the centre of the store, two islands made of metallic structure and wooden panelling are used both as display areas and storage. They are special for their lights as well, which are industrial style original models from the 50s. The remaining lighting was made up of spotlights bringing a very scenographic light.

On the outside of the retail store, the old doors were kept but a sliding door made of glass was added to the entrance. The old concrete paving was restored.

NdN

Esta intervención para NDN nace de dos necesidades básicas: la primera, llenar de luz un ambiente más bien oscuro y de techos bajos; y la segunda, ganar espacio para lograr una mejor circulación. Para conseguirlo, el proyecto recuperó el patio situado al fondo del local, que no se utilizaba. En esta área se dispuso una celosía de madera de roble que inunda el recinto de luz natural y, a la vez, evita que se vean las plantas superiores del edificio. Es ahí donde se ubican los probadores.

La tienda está proyectada a partir de una caja de madera de roble que integra los expositores y esconde el acceso para los vecinos, situado en la parte central de la tienda, que anteriormente dividía el local en dos. El revestimiento de madera de la caja y de los expositores que van desde los laterales hasta los pilares centrales aporta uniformidad y calidez al proyecto. En contraste, encontramos el techo de color negro y el pavimento de hormigón blanco.

En la fachada, el acceso a la tienda está enmarcado por una caja de chapa de hierro pintada que crea un espacio de transición completamente permeable entre el exterior y el interior.

This project is the response to two basic needs: first, bringing the light to a rather dark low-ceiling store, and then, gaining some space for a better movement. With these goals, the patio at the back of the premises was used and an oak wood lattice allowing natural light to enter and hiding the top floors of the building was installed. The changing rooms were built on those top floors.

The store design was conceived from an oak wood box which integrates the shelves. It also hides access to the building for neighbours – at the middle part of the store –, which formerly split the premises into two different parts. The wood lining on the box and shelves, which go along the sides of the premises and to the central pillars, provides a uniform and warm atmosphere. In contrast to this, the ceiling and concrete flooring were chosen in black and white colours respectively.

On the façade, access to the store is framed by a box made of a painted iron sheet that creates an easy transition between the inside and the outside.

NdN
NINO ALVAREZ
NdN

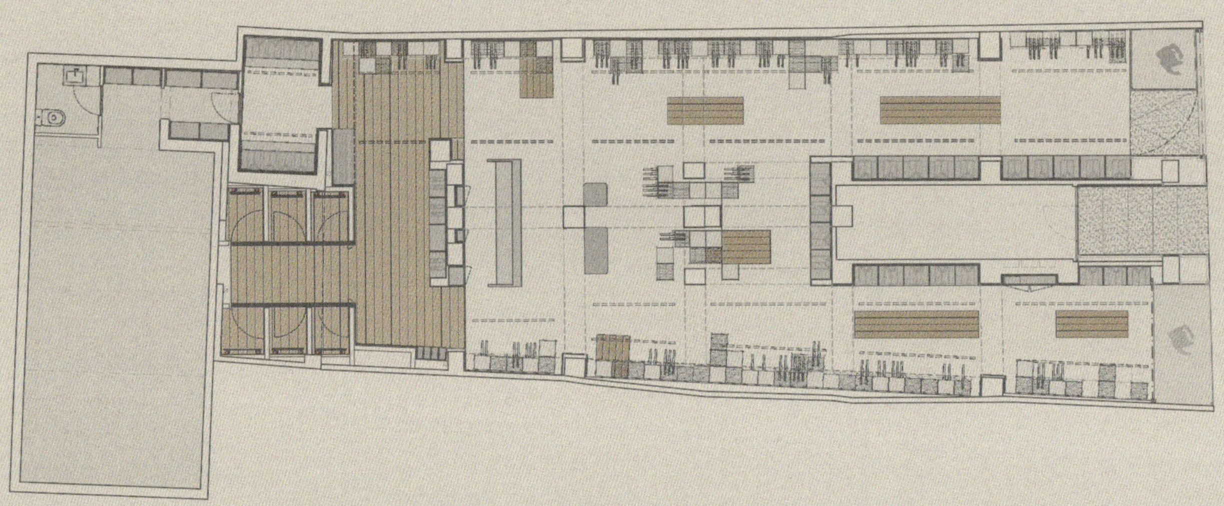

Sección y planta / *Section and floor plan*

Dr. Paloma

Situada en la tercera planta de la clínica Teknon de Barcelona, se trató de una sencilla pero rigurosa intervención. Como era una clínica, se dio prioridad a la funcionalidad de los espacios. En este sentido, se los dotó de una estética racional y aséptica pero a la vez confortable mediante una buena elección de materiales, como la madera teñida de negro o la opalina de color visón.

La zona de acceso y recepción funciona como espacio central distribuidor de varias consultas y salas de operaciones. El techo está retroiluminado y permite cambiar la intensidad dependiendo de la entrada de luz natural. Además del techo, existen dos paramentos verticales retroiluminados, uno en el lateral de la recepción y otro en el interior del despacho de información. Cabe destacar el equilibrio entre el plano horizontal del techo y el vertical de las paredes en un juego que permite dotar de una gran personalidad al espacio, de por sí muy sencillo.

En los elementos verticales, revestidos de opalina, se integraron varios monitores de televisión que se sitúan en los despachos generales y en la sala de espera. La madera negra de la recepción también se utilizó en la entrada y permite esconder el acceso a un pequeño almacén, así como a los controles de maquinaria. El resto del mobiliario se diseñó siguiendo la tendencia sobria del conjunto de la clínica.

Located on the third floor of Teknon private hospital in Barcelona, this project involved a simple but rigorous work. Being a clinic, the spaces functionality were given priority. They were provided with a rational, aseptic but comfortable style thanks to the well-chosen materials which include black stained wood or mink opaline.

The entrance and reception area is a central space that leads to the consultation rooms and operation rooms. The backlit ceiling allows to adjust light intensity based on the amount of natural light available. In addition to this ceiling, two vertical backlit surfaces, one on the reception's sidewall and the other in the information office, were installed. It is worth mentioning the balance between the horizontal plane of the ceiling and the vertical plane of the walls, which gives strong personality to a very simple space.

Several television monitors in the offices and waiting room were integrated into the vertical opaline coated elements. The black stained wood was also used for the reception area. It helps to hide the access to a small storage room as well as to the machine controls. The remaining furniture was designed keeping to the restrained style of the clinic.

CIRUGÍA PLÁSTICA Y ESTÉTICA

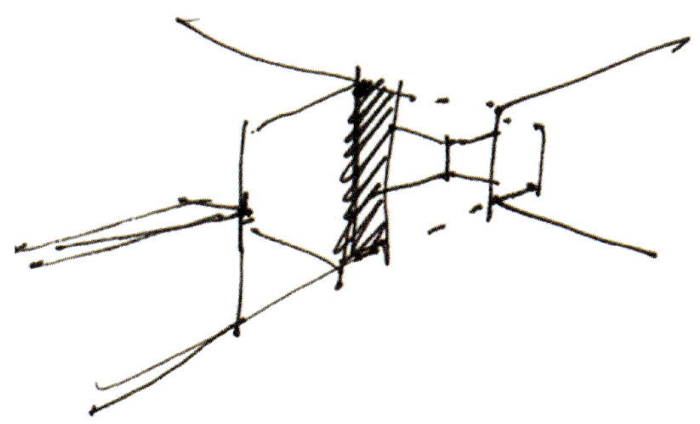
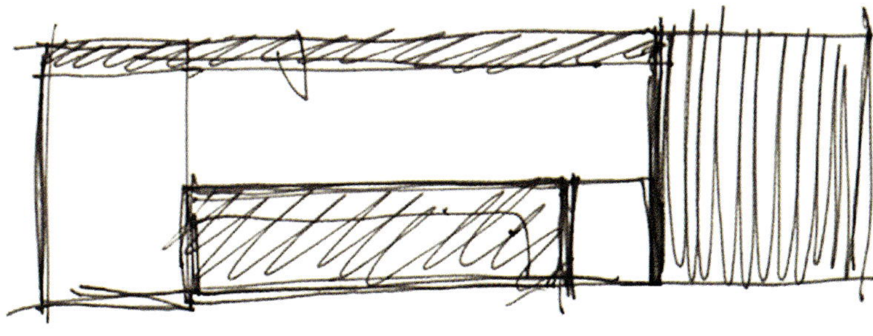

Planta y sección / *Floor plan and section*

Opaline was the material chosen for the walls because
of its aseptic and hygienic features, which make it the
ideal panelling for this kind of spaces. Opaline blends in
nicely with polished travertine marble floors.

Acer

El estudio ideó un espacio para la empresa Acer en el que destaca el uso de la opalina blanca, un material frío que consigue crear un efecto de blanco sobre blanco que aporta sobriedad, pureza y nitidez visual. La propuesta aborda dos ámbitos fundamentales: el espacio interior a nivel de planta y la intervención en la fachada exterior, que se resolvió con pequeñas aberturas vestidas con lamas textiles graduables que permiten manipular el paso de la luz exterior. La distribución interior es de líneas simples y muy ordenadas, que dialogan con volumetrías que permiten diferenciar las zonas comunes de las áreas privadas o de transición. Los volúmenes tienen forma de cubo y fueron tratados con una superficie de opalina combinada con cristal blanco y transparente. Todas las paredes se revistieron con cristal transparente y opaco para conseguir un acabado de contrastes entre blanco y negro. La iluminación también se trató de manera diferente en esas zonas, ya que se quiso conseguir el grado de luminosidad más parecido a la luz natural. Para ello, se recurrió a la apertura de claraboyas en el techo y a la utilización de dos sistemas de fluorescencia blanca que permiten la recepción de luz directa e indirecta. Para la luz indirecta, los fluorescentes se camuflaron bajo la superficie. Por su parte, la luz directa viene proyectada por unas regletas de fluorescencia escondidas bajo una estructura de franjas de tela traslúcida que se retroilumina.

Special mention should be done in this project to the use of white opaline. The architectural studio designed a space for the firm Acer where the use of this material creates a white on white effect of simplicity, pureness, and visual sharpness. The project not only included the inside space but also the external frontage. The latter was provided with small apertures coated with adjustable textile slats allowing regulation of light passing through.
The interior layout shows simple and well distributed lines which have a dialogue with the volumetries separating the common, private, and transition areas. The elements are cube-shaped and were provided with a combination of opaline and transparent and white glasses. All the walls were covered with transparent and opaque glasses in order to achieve the contrast between white and black.
Lighting received a different treatment in these areas as well. The goal was to imitate a lighting as close as possible to natural light. To this aim, some skylights were installed at the roof as well as two white fluorescent lights to convey direct and indirect light. Fluorescent lights were hidden under the surface to get indirect light. Direct light was projected by some fluorescence power strips masked by a structure made of translucent fabric stripes which are backlit.

Gavà   2010

PBS

La ampliación de las oficinas de PBS en Barcelona ocupa una superficie de 156 m² y está proyectada siguiendo el juego cromático de blanco y negro que tanto identifica a la firma. Toda la actuación parte de la aplicación de un sistema de lamas en el techo y de la recuperación de la entrada de luz natural. Esta penetra en las oficinas gracias a la apertura de una fachada de cristal y a un sistema de retroiluminación que, además, contribuye a crear un mayor contraste con el mobiliario oscuro.
La ampliación responde a la necesidad de integrar una nueva zona de trabajo para *staff* y de crear un área específica para el *office*, la sala de reuniones y el acceso a los baños. La zona de *staff*, ubicada en el centro, se ha resuelto mediante mesas comunes diseñadas por el estudio, y se ha escogido un material frío como la opalina blanca para revestir el área de sala de reuniones y *office*, lo que genera un efecto de sobriedad y nitidez visual en todo el ambiente.
Esta ampliación ha permitido, además, incorporar una zona de almacén con una gran librería, y un nuevo espacio que comunica la parte nueva y la antigua a través de una escalera metálica cerrada con cristal. En definitiva, mediante escaleras y proyección de niveles, la ampliación ha hecho posible integrar una nueva zona de trabajo, crear espacios y bañar de luz natural tanto el sótano como la antigua área de oficinas.

The expansion of PBS offices in Barcelona takes 156 m² and is projected to create a black-white colour set, characteristic feature of the firm. The work carried out was focused on the installation of a slats system on the ceiling and the recovery of natural light. This comes into the offices thanks to the glass façade and a backlighting system, which also contributes to create contrast with the dark furniture.
The plan to enlarge these facilities responds to the needs to integrate a new working area for the staff, a breakfast room, a meeting room, and an access to the toilets. The staff area, in the centre, was furnished with some common tables designed by the studio. A cold material, the white opaline, was chosen to cover the meeting room and the breakfast room. This created an atmosphere of simplicity and visual sharpness.
This enlargement allowed to add a storage area with a big bookcase and a new space that links the new part and the old by a metallic staircase. In short, thanks to the staircase and the different heights projection, a new working area and other spaces could be integrated and natural light could reach both the basement and the old offices area.

Barcelona | 2011

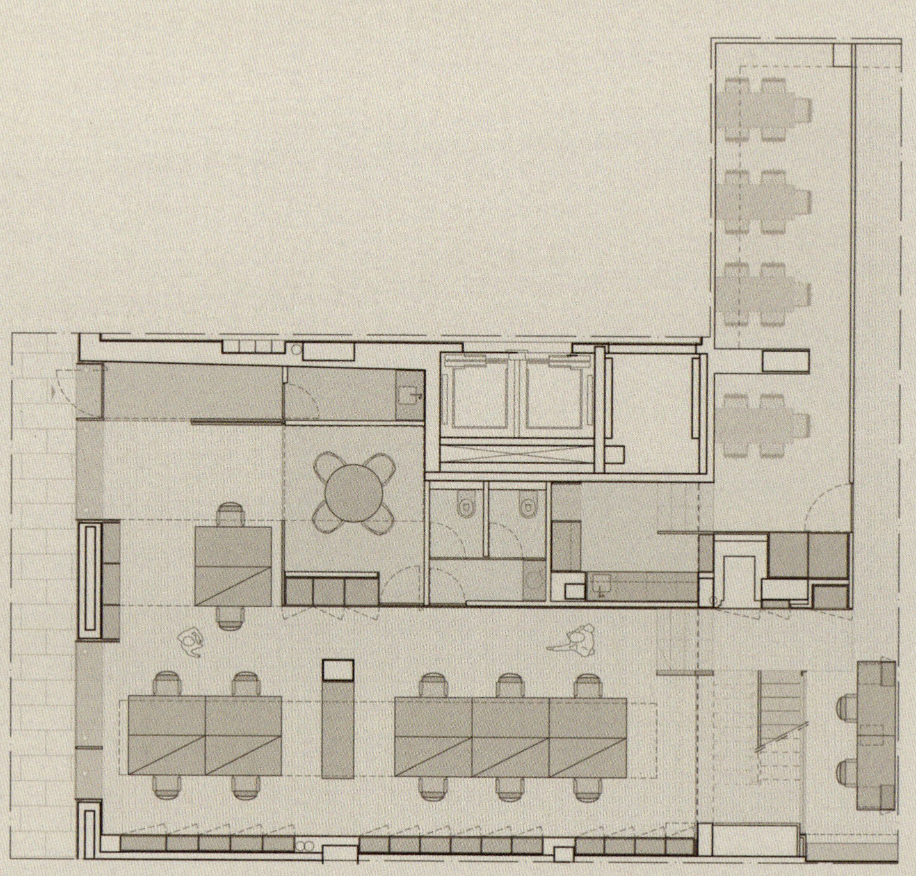

Planta / *Floor plan*

Some common tables designed by the studio were placed in the
new staff area. The project allowed to create a storage room with
a big bookcase

Efímero / Ephemeral

Vibia - I Saloni
Vibia - Light+Building
Ziru - I Saloni
Ziru - Hábitat
Cosmic - ISH
Mobalco - I Saloni
Now carpets - Hábitat
Inclass - I Saloni

VIBIA - I SALONI

Construir un *stand* de más de 800 m² para una firma como Vibia supuso para el estudio una atractiva oportunidad: jugar con la distribución de los espacios a partir de módulos escenográficos que, a su vez, se proyectaran visualmente en tres dimensiones.

Para conseguirlo, se construyeron más de 30 módulos cúbicos con una misma costilla arquitectónica de madera de Flandes, revestida posteriormente con materiales tan diversos como el pladur, la madera de roble o los hormigones conocidos como betonit y viroc.

Según la normativa que marcan las ferias, el *stand* no podía superar los 5 metros de altura, de modo que se optó por llenar el espacio volumétricamente y disponer cada uno de los módulos de forma estratégica, buscando diferentes posiciones hasta conseguir el perfecto equilibrio en todo el espacio.

Los módulos sobrepuestos representan el *skyline* de una gran ciudad, por el que uno va paseando siguiendo espontáneamente el circuito marcado. Durante el recorrido, el visitante puede interactuar con cada uno de los escenarios y descubrir las piezas y el estilismo que el propio estudio ideó para cada uno de ellos. Los volúmenes y la celosía ocupan el espacio perimetralmente y dejan el interior para servicios como la venta, la cafetería y el área interactiva.

Designing a 800 m² stand for a firm like Vibia was an enticing opportunity for the studio. We had the chance to play with the layout of the spaces from building scenographic modular elements which, in their turn, were visually projected in three dimensions.

To achieve this goal, there were built more than 30 modular cubes having the same architectural backbone in Flanders pinewood – later covered with materials as diverse as plasterboard, oak wood, or Betonit and Viroc.

The regulation in trade fairs does not permit the stands to be above 5 metres high, so the space was filled volumetrically, distributing the modular elements in a strategic form and looking for different positions until reaching the desired balance in the whole space.

The modular elements, put on top of one another, reminded a big city skyline. Visitors could easily take a stroll and interact with the many spaces discovering the pieces and the style the studio created for them. These elements and the lattice went along the perimeter and freed the interior for sales point, coffee bar, and interactive area.

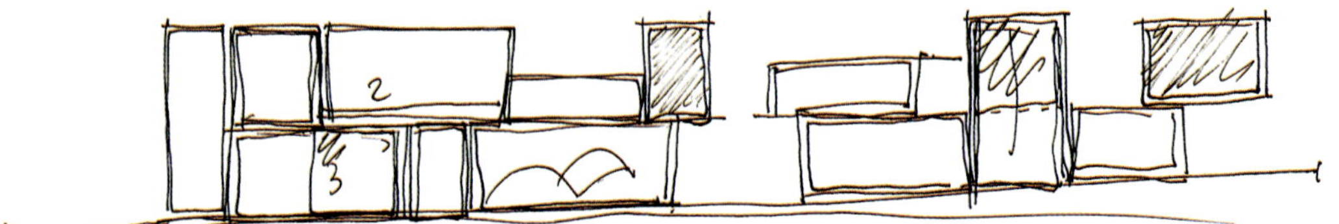

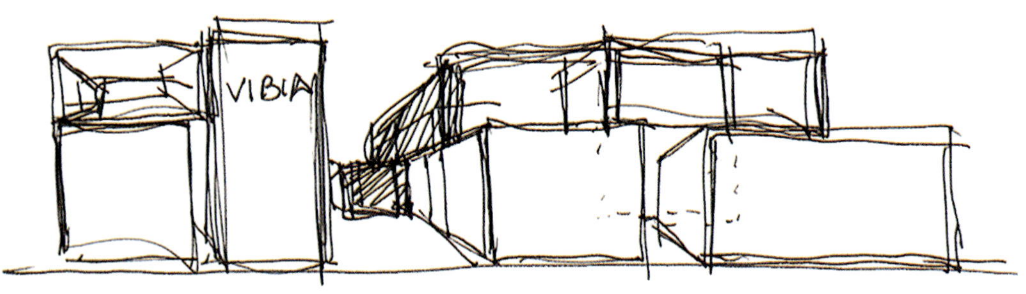

13 Plus
Design by X.Claramunt & M.de.I.I

VIBIA - LIGHT+BUILDING

Con cerca de 350 m², el *stand* de Vibia para la feria Light+Building se diseñó a partir de una arquitectura de volúmenes o escenarios que representan cada una de las colecciones de la firma.

Las dos fachadas principales —las más largas— juegan con diferentes planos que reproducen la estructura de una ciudad. En las dos fachadas más cortas —las laterales— se dispuso una celosía que permite visualizar de forma sutil las novedades de la marca. A medida que el visitante se acerca al *stand* puede ir descubriendo el producto.

La celosía combina varios volúmenes de madera de roble natural con pequeños orificios biselados que imitan las saeteras medievales. En los orificios se colocó una tela negra tensada para que el producto del interior se visualizara de forma traslúcida. El objetivo era focalizar el producto dentro del escenario, pero sin que pudiera verse en su totalidad. De este modo se muestra la gran variedad de productos y se otorga a cada uno de ellos el protagonismo que se merece.

Todos los escenarios se realizaron en roble, que en su estado natural acompaña a las luminarias para el hogar; en viroc, un panel de hormigón que muestra las luminarias de exterior; y en lacado de color visón para la colección más polivalente de exterior e interior.

Having more than 350 m², the Vibia stand for the Light+Building fair was designed from a volumetric architecture to represent each of the collections of the firm.
It had two main façades which, at different levels, aimed to imitate the structure of a city. On the shorter façades on both sides, a lattice allowing to subtly visualize the brand's novelties was installed so that visitors were able to discover the products as they approached the stand.
The lattice showed different natural oak wood elements which had small chamfered holes imitating medieval loopholes. Behind the holes, a black tensioned fabric was placed in order to give a translucent visualization of the products. The aim was displaying the products inside the space without allowing the total visualization of them. This way, the wide range of products is shown giving each the prestigious status they deserve.
Every space was made of natural oak wood, which perfectly matched with the lights aimed at houses, as well as of Viroc, a concrete board showing the exterior lights, and of mink coloured lacquer for this multipurpose collection for indoor and outdoor.

Ziru - I Saloni

El *stand* de la firma valenciana aparece en el pabellón de la feria I Saloni 2011 como un esqueleto de madera que deja entrever las novedades de mobiliario expuestas en su interior. El espacio se construye a partir de un elemento estructural que nace de la letra zeta: decenas de zetas dispuestas una junto a otra crean una celosía a modo de espacio permeable que permite ver el interior. La celosía es de madera de pino maciza, se realizó con un listonado de 4 x 4 centímetros y forma un gran dintel de 2,7 metros de altura que permite colocar el nombre de la firma en un contrastado color negro.

En el interior de la instalación se ubica una gran tarima elevada que sirve para exponer las novedades. Además, a lo largo del *stand* se distribuyen varios ambientes que recrean salas de estar y escenarios *contract*. Todos ellos destacan gracias a la iluminación de *spots* escenográficos situados a cinco metros de altura y colocados estratégicamente para evitar sombras. La impresión del visitante es la de un lugar sin barreras, que se abre al 100% en sus dos caras. Al tratarse de un espacio de dimensiones reducidas, se optó por que fuera lo más abierto posible.

The stand of the Valencian firm appeared at Saloni 2011 trade fair as a wood framework allowing to glimpse the furniture novelties inside. The space was built from a structural element born from letter z: dozens of these letters were placed side by side to make up a lattice, permeable element to see the inside. The solid pine wood lattice was built with 4 x 4 centimetre wood strips and formed a high lintel of 2.7 metres where the name of the firm was written in black.
The new pieces were exhibited on a big dais. Furthermore, several areas re-creating living rooms and contract spaces were distributed along the stand. All this was enhanced thanks to some scenographic lights 5 metres high and strategically placed to avoid shadows. Visitor then discovered a place without barriers, opened from both of its sides. As it was a small sized space, it had to be as open as possible.

Milan 2011
ZIRU
ZIRU
ZIRU

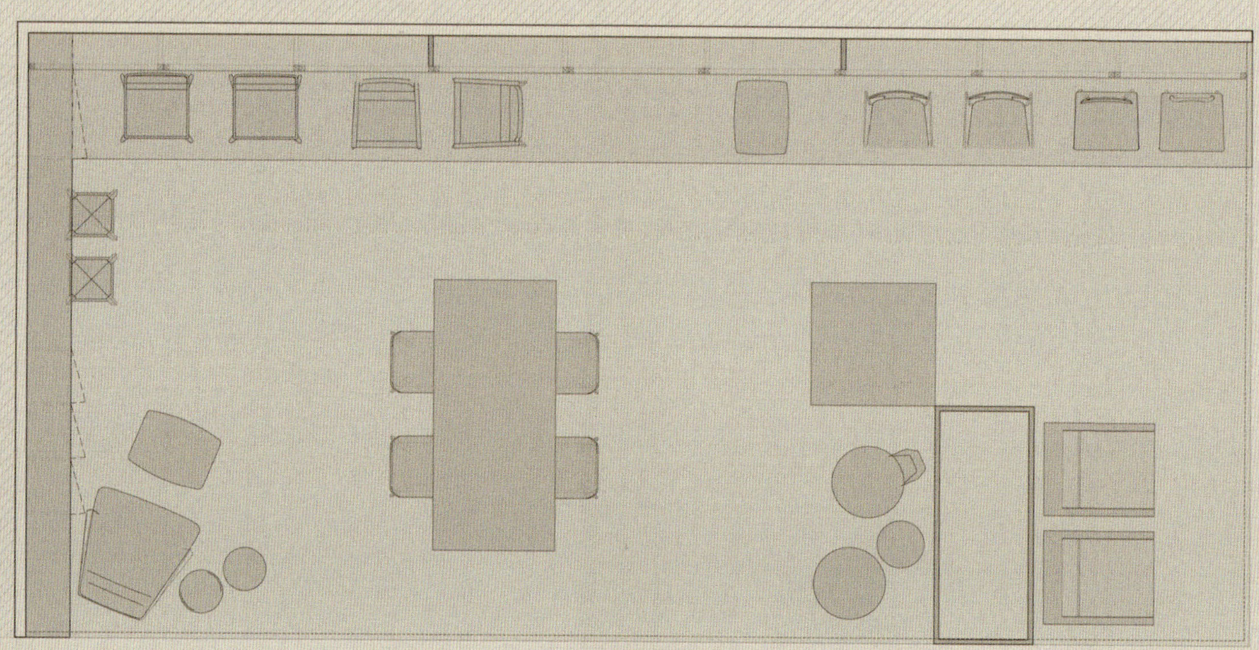

Ziru - I Saloni

Con motivo de la Feria Internacional del Mueble de Milán 2012 y con limitaciones de espacio (50 m²), planteamos un *stand* con una estructura bastante especial, que a primera vista puede parecer muy cerrado pero cuya intención es provocar al visitante el deseo de ver el interior, aquello que a simple vista aparece como semiescondido. De forma sutil –a partir de ranuras, troqueles y otras aberturas–, se deja entrever lo que hay dentro de la instalación.

El proyecto es radicalmente sobrio y arquitectónico. El blanco contrasta con pequeños detalles de color negro en las paredes en forma de penumbra, algunas casuales y otras buscadas. De este modo, los dos colores contrastan y a la vez se complementan: el negro señala las aberturas y el blanco permite destacar el producto presentado en la feria. Además, se dispusieron varias pantallas de LCD y elementos de rotulación que, de forma sutil, se integran en la propia estructura de la instalación y aportan una imagen tecnológica que la firma también quiere transmitir con su producto.

Piezas como las mesas Sank, Exapenta o la colección Balú se distribuyen en el *stand*, donde cada espacio de exposición está estudiado de forma independiente pero el conjunto que resulta es a la vez interesante.

On the occasion of Milan Furniture Fair, the limited space of only 50 m² did not prevented the design of a special structure. At first sight, the space could seem hidden but the goal was to make people come closer to discover the inside. Some subtle slots, dies, and other openings let us glimpse the inside of the stand.

The project was radically pure and architectural. White colour contrasted with small black details on the walls to create semidarkness, sometimes deliberatelly, sometimes not. Colours were contrasted this way and complemented each other at the same time: black enhances the openings, and white brings out the pieces. Moreover, several LCD screens and signage elements were integrated in the structure for a technological touch. Pieces such as Sank and Exapenta tables or the collection Balú are laid out along the stand. Each exhibition space in it is planned in an autonomous way, though creating an interesting whole.

 Efímero / Ephemeral

Ziru's icon piece of furniture with strong aesthetic and functional components

Ziru - Hábitat

El diseño del *stand* de Ziru para la Feria Hábitat Valencia 2012 se inspira en la esencia de la firma y en la recuperación de lo natural, con la madera como principal protagonista. Los tablones apilados recuerdan el tradicional sistema de almacenaje de las serrerías. Este material se transforma en una pieza con formas propias y personalidad, como los muebles de Ziru.

De este modo, los tablones distribuyen el espacio de la instalación creando «habitaciones» en las que se exponen las nuevas colecciones de la firma valenciana. Mesas, sillas y butacas se exponen junto a la madera sin tratar, que actúa como telón de fondo. En los tablones apilados aparece el nombre de la firma escrito con pinceladas de color negro, y nos remite al marcador que se utiliza en las serrerías para diferenciar la procedencia de los árboles.

El resultado es un atractivo contraste entre la materia prima y la pieza final. El *stand* incorpora, además, un contenedor de almacenaje a modo de monolito de color negro que permite rotular la marca.

Both the spirit of the firm and the return to natural things inspired the stand of Ziru for Feria Hábitat Valencia 2012. Wood was the main protagonist: the stacked boards reminded us of the storage system in the old sawmills. As with Ziru furniture, this material becomes a unique piece with its own shape and personality.

The boards were used to distribute the space and create a kind of rooms where the new collections of the Valencian firm were laid out. Tables, chairs, and armchairs were exhibited next to the untreated wood, which functioned as a backdrop. The name of the firm was painted on the stacked boards with black strokes and it resembled the ink used in the sawmills to differentiate the origin of trees.

The outcome was an attractive mix between raw material and final pieces. The stand also had a black monolith used as storage container allowing to mark the brand.

Valencia   2012
ZIRU

ZIRU

COSMIC - ISH

Coincidiendo con el cambio de imagen de la marca Cosmic hacia colores más naturales y cálidos, el estudio pensó en la madera de roble maciza para construir una gran malla de seis metros de altura que envolviera todo el perímetro del *stand* y que permitiera el contacto visual entre el interior y el exterior.

Se trata de un doble espacio en cuyo interior se presentan las novedades de dos marcas: Cosmic y Pom d'Or. Como elemento decorativo, decenas de botellas de agua envasada se colocaron a lo largo de la malla en dos versiones: con gas como Pom d'Or, natural como Cosmic. También se distribuyen a lo largo de la malla los nombres de ambas marcas y varias ideas y conceptos relacionados con ellas, realizados con letras corpóreas de color blanco. Los tonos que destacan son el blanco, que simboliza la pureza, y la tonalidad bronce de la madera, que aporta un toque de elegancia. En el primer nivel de acceso se sitúan varios ambientes y escenarios para presentar las novedades. En el nivel superior, se ubican la zona de trabajo, el punto de venta y el bar. El *stand* cuenta con unas dimensiones de 240 m², aproximadamente.

Concurring with the re-branding of Cosmic towards more natural and warm colours, the studio chose solid oak wood to build a large mesh of 6 metres high to surround all the stand perimeter and allow visual contact between the inside and the outside.

The dual area hosted the latest products of the bathroom accessories and furniture brands Cosmic and Pom d'Or. Dozens of bottles of water were put along the mesh as decoration. Two versions of water represented the brands: sparkling water like Pom d'Or and still water like Cosmic. White channel letters were distributed along the mesh featuring the names of the brands and some ideas and concepts related to them. Colour white, symbolizing purity, and bronze colour from wood, providing a touch of class, are the highlighted shades. The ground floor has several spaces to exhibit the novelties. On the first floor, there is a working space, a sales point, and a bar. The stand is around 240 m².

Fráncfort 2011
pómd'or
RITUAL IS CULTURAL
RITUAL IS CULTURAL
BATH IS RITUAL
CULTURE IS SPIRIT
SPIRIT IS ESSENCE
SPIRIT IS ESSENCE

El blanco y la madera son la base neutral para exponer las novedades de las
firmas de baño Cosmic y Pom d'Or. La
malla de madera permite visualizar el
interior del *stand* desde cualquier punto
del exterior.

White and wood are the neutral base to exhibit the novelties of bathroom brands Cosmic and Pom d'Or. The wood mesh allows
to visualize the inside of the stand from any
outside spot.

COSMIC
ARCHITECTURE
SEDUCTION IS SMART
FUNCTION

BATH IS RITUAL
IT IS ESSENCE

FUNCTIONAL

MOBALCO - I SALONI

El diseño del *stand*, como el de las cocinas Mobalco, se basa en el uso de materiales naturales, en la sobriedad y en la elegancia. Así, se creó un espacio semiabierto o semicerrado mediante una celosía listonada de madera de chopo que consigue crear expectativas en el visitante.
El listonado produce un interesante juego de luces y sombras que provoca la impresión de encontrarse ante una verdadera escultura. La fachada aparece como una segunda piel sobre una caja de color gris oscuro casi negro. Esta caja contrasta con la madera de la celosía, con las colecciones expuestas –de colores claros– y con el pavimento laminado blanco brillante. El listonado, que hace de cerramiento perimetral de la instalación, tiene unos pequeños pliegues, estratégicamente ubicados, que sirven para visualizar el nombre de Mobalco.
El interior del *stand* tiene dos ambientes. En primer lugar, hay uno frontal diseñado en dos islas; junto a ellas, aparece una línea de armarios como elemento estructural divisorio. Este módulo es de madera de roble natural y sirve para separar la primera zona de la segunda, que tiene más novedades. El segundo ambiente está dedicado a la parte más tecnológica de la firma, en la que lacados, resinas y metales configuran la nueva colección. El espacio interior está flanqueado por una pared retroiluminada ubicada en el lado opuesto a la entrada. Esta iluminación permite destacar las siluetas de ambas colecciones.

Like elegant and understated at once Mobalco kitchens, the design of the stand was focused on the use of natural materials. A semi-open or semi-closed space was created with a black poplar wood strips lattice aimed at making the guest raise some expectations.
The interesting lights and shadows interplay of the strips gives the impression that we are before a real sculpture. The façade is like a second skin over a dark grey, almost black box. This box contrasts with the wood of the lattice, the collections exhibited – all in light colours –, and the shiny white laminate flooring. The strips, which act as a closed perimeter to the stand, have got small, strategically placed folds to let us visualize the name of Mobalco.
There are two different spaces inside the stand. First, a front space was designed building two islands; next to them, there were some closets in line functioning as dividing structural elements. This modular element was made of natural oak wood and delimited the first and second spaces. Then, the second space is devoted to the most technological part of the firm. There, lacquers, resins, and metals make up the new collection. The inside space is flanked by a backlit wall opposite the entrance. This lighting allows to bring out the silhouettes of both collections.

MOBALCO
MOBALCO

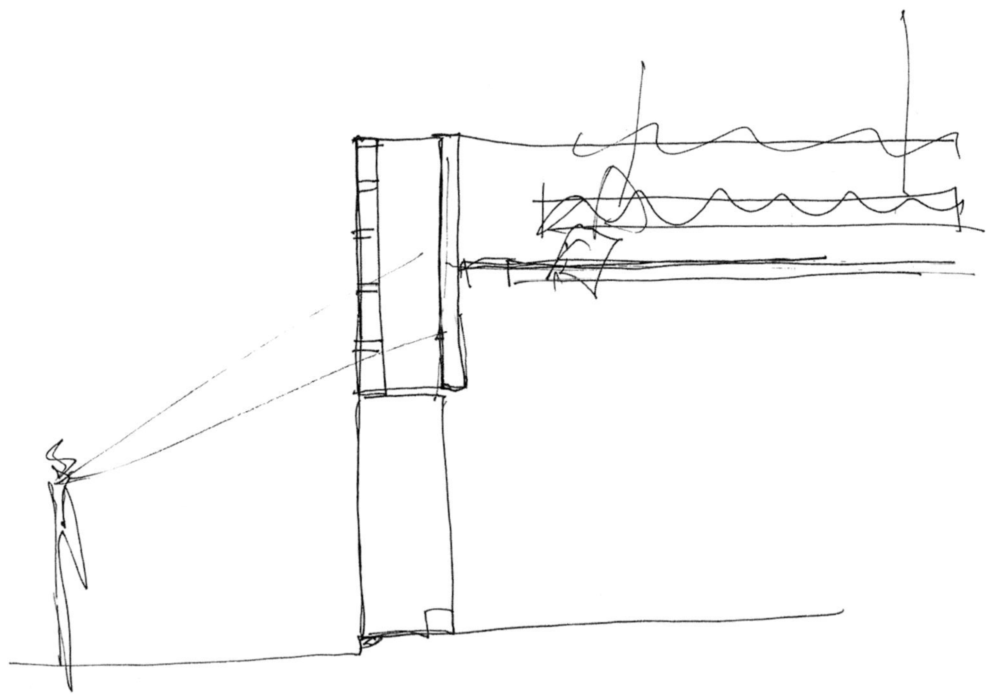

HUMAN FACE

El frontal retroiluminado tiene un listonado que permite visualizar de nuevo el nombre de la firma. Junto al frontal y en la zona más reservada del *stand* se ubican una mesa y unos taburetes de madera que funcionan como punto de venta.

The strips in the backlit façade reveal the name of the firm once again. Next to the façade and in the most private area of the stand, there are two tables and some stools used as sales point.

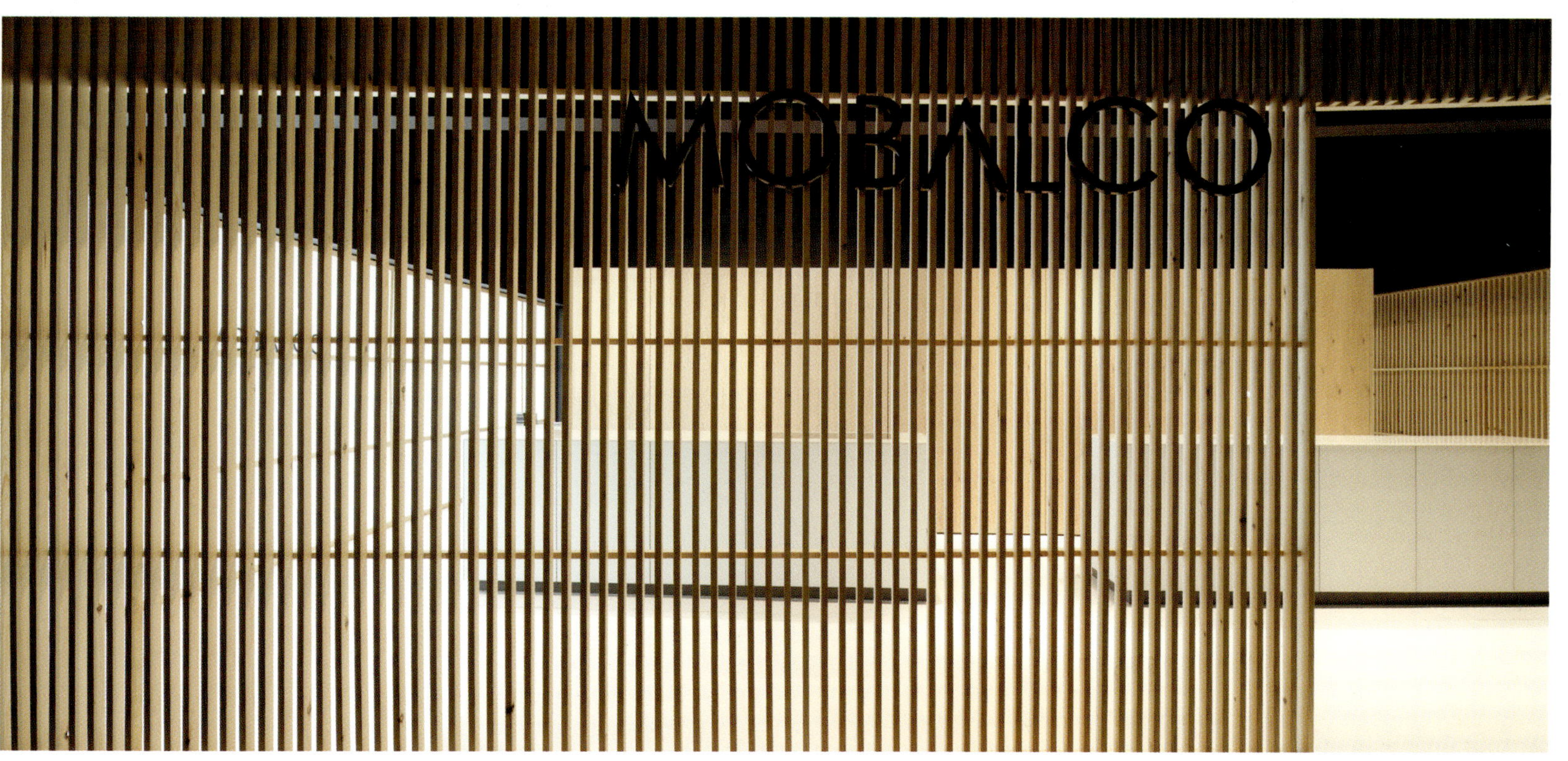

Now Carpets - Hábitat

El espacio está concebido como una galería de arte en la que se distribuyen las colecciones de los distintos diseñadores de la firma Now Carpets. Las alfombras se exponen como si fueran cuadros en las diversas superficies de la instalación. Todos los modelos están iluminados escenográficamente, lo que hace que destaquen todavía más. El exterior del *stand* representa una superficie textil cuyo cromatismo se basa en las alfombras que se exponen dentro. El espacio está totalmente cerrado, pero se encuentra suspendido en el aire: unas pequeñas aberturas permiten que el visitante pueda intuir el interior y, de este modo, aumentan su interés.

Una vez dentro, las alfombras no están colocadas de forma tradicional −en el suelo−, sino en las paredes interiores. Los colores vivos del exterior contrastan con el interior neutro de color blanco, utilizado a modo de lienzo. El juego de contrastes y la peculiar distribución convierten el *stand* en un espacio lleno de dinamismo, movimiento y alegría.

The space was thought as an art gallery where the collections by the designers for the firm Now Carpets are laid out. Along the several surfaces in the stand, carpets are exhibited as if they were paintings. All the models have a scenographic lighting for a better enhancement.

The outside of the stand represents a fabric surface whose colour range is based on the carpets exhibited inside. The stand is totally closed but it is suspended in mid air: some small holes make the visitors hint the inside, which increases their interest.

Once inside, carpets are not distributed in the traditional way – on the floor – but on the inside walls. The lively colours outside contrast with the neutral interior in white colour, which is used as a canvas. The play of contrasts and the unusual layout transform the stand in a very dynamic and cheery space.

SWEETS
FRANCESC RIFÉ
100% LANA NUEVA ZELANDA

INCLASS - I SALONI

Inclass, firma especializada en mobiliario de diseño para espacios públicos, oficinas y *contract*, cuenta con diseños que hablan de elegancia sin estridencias, de atemporalidad, de fluidez de formas, de contemporaneidad. En ese sentido, quisimos proyectar un *stand* en el que primara la neutralidad, clave para mostrar las novedades y fiel a la filosofía de la firma.

La estructura en forma de cubo está formada por dos grandes paredes fabricadas a partir de celosías que dotan de leveded al conjunto. Se trata de una caja con varios accesos y diversas estancias, en las que se mantuvo el juego sugerente de «visto y no visto» a través de aberturas irregulares. La celosía se realizó con madera de chopo, cuya tonalidad neutra es perfecta para que destaquen las piezas de mobiliario. Además, situados estratégicamente, varios logos de la firma en letras corpóreas de color negro destacan sobre las paredes de la instalación.

Dos grandes aberturas invitan al visitante a entrar en el *stand*, donde puede encontrar varios escenarios y piezas de mobiliario. La iluminación puntual permite destacar cada una de las novedades presentadas. En el interior, el color de la madera y la iluminación escenográfica originan un ambiente cálido y lleno de vida. El pavimento y las paredes de color blanco aportan luminosidad al conjunto.

Inclass is a firm focused on designing furniture for public spaces, offices, and contract spaces. The elegance in its designs avoids complexity making them timeless, proportionate, and contemporary. Taking this into account, we wanted to design a stand where neutrality had a central role. This would be the key shade to show the collections and identify the brand's philosophy.

A cube structure was made up of two large walls which showed a lattice design and gave the whole a certain lightness. It was like a box having several entrances and rooms inside, where the now-you-see-it, now-you-don't suggestive game was kept thanks to irregular openings. The lattice was made from black poplar wood whose neutral tonality brings out the furniture pieces. Strategically located, some black firm logos are perfectly installed on the structure's wall.

Two large openings invite to enter the stand where several spaces and pieces of furniture can be found. The spot lighting stresses every novelty. Moreover, the wood colour and the scenographic lighting create a warm, lively atmosphere. The pavements and white walls provide a great deal of brightness to the whole structure.

Milán | 2011
INCLASS

INCLASS
INCLASS
www.inclass.es

Vivienda / Housing

Olivella
Cadaqués
JP Apartment
CG Apartment

OLIVELLA

Esta antigua masía abandonada de 1780 se ha convertido en un espacio destinado al relax de todos los miembros de una familia. El proyecto es la fusión perfecta entre lo nuevo y lo antiguo. La fachada se recuperó picando el revoco que cubría la vieja piedra, los huecos de las ventanas se sanearon y se cubrieron con cajas perimetrales de chapa. Los espacios interiores se reestructuraron casi desde cero, con lo que se obtuvo la atmósfera actualizada de una casa rural.

La antigua cocina, de la que se conservó el horno, es un espacio pequeño que distribuye hacia el comedor, a una altura inferior, o hacia las zonas de relax, unos peldaños más elevadas. En esta área hay un estudio abierto y presidido por una gran mesa en vidrio fumé y una sala de estar simple y práctica con un gran sofá.

La protagonista de esta zona es la escalera, un volumen de chapa negra que comunica con las habitaciones del piso superior. Esta se alza en el espacio revelando la riqueza que se obtiene al mezclar conceptos nuevos con conceptos del pasado y, a la vez, crea un espacio íntimo de lectura.

Un lugar con el que comparte la filosofía de descanso es el contiguo, donde reposan dos butacas rodeadas de libros. Estos dos últimos espacios comunican visualmente con la zona del comedor, que se encuentra en un nivel distinto. La forma de la colina implica que la casa se haya distribuido en distintos niveles, salvados cada vez por grupos de tres o cuatro peldaños.

This old abandoned country house dated 1780 was transformed into a space for the relaxation of all the members in a family. This project represents the perfect fusion of new and old elements. The façade was recovered by removing the plaster covering the old stone, cleaning up window wells and covering them with sheet metal perimeter boxes. The interior was restructure almost from scratch, which resulted in an updated space.

Only the oven was kept from the old kitchen, a small space leading to the dining room on a lower floor, and to the relaxation areas when climbing a few steps. In this area, we can find an open space where a large smoked glass table is the most prominent element and a simple and practical living room with a big sofa.

The staircase in black sheet metal has the main role in this area communicating with the rooms in the upper level. The staircase reveals the richness of blending new and old concepts and creates an intimate reading area with an armchair for that purpose.

This same relaxation philosphy is shared by the next space, where two armchairs are place surrounded by books. These two last spaces provide visual communication with the dining area, which is on a different level. The hill where the house is sited forced the these different levels thereof, which were overcome by sets of three or four steps.

La sala del comedor es un espacio diáfano y con cabida para 16 comensales. Disfruta de una cocina abierta, equipada con electrodomésticos aptos para cualquier restaurante, y de una bodega acristalada de muy generosas dimensiones.

The dining room is an open space where 16 people can sit. It has an open kitchen as well, which has top-of-the-range appliances and a generously dimensioned see-through glass cellar.

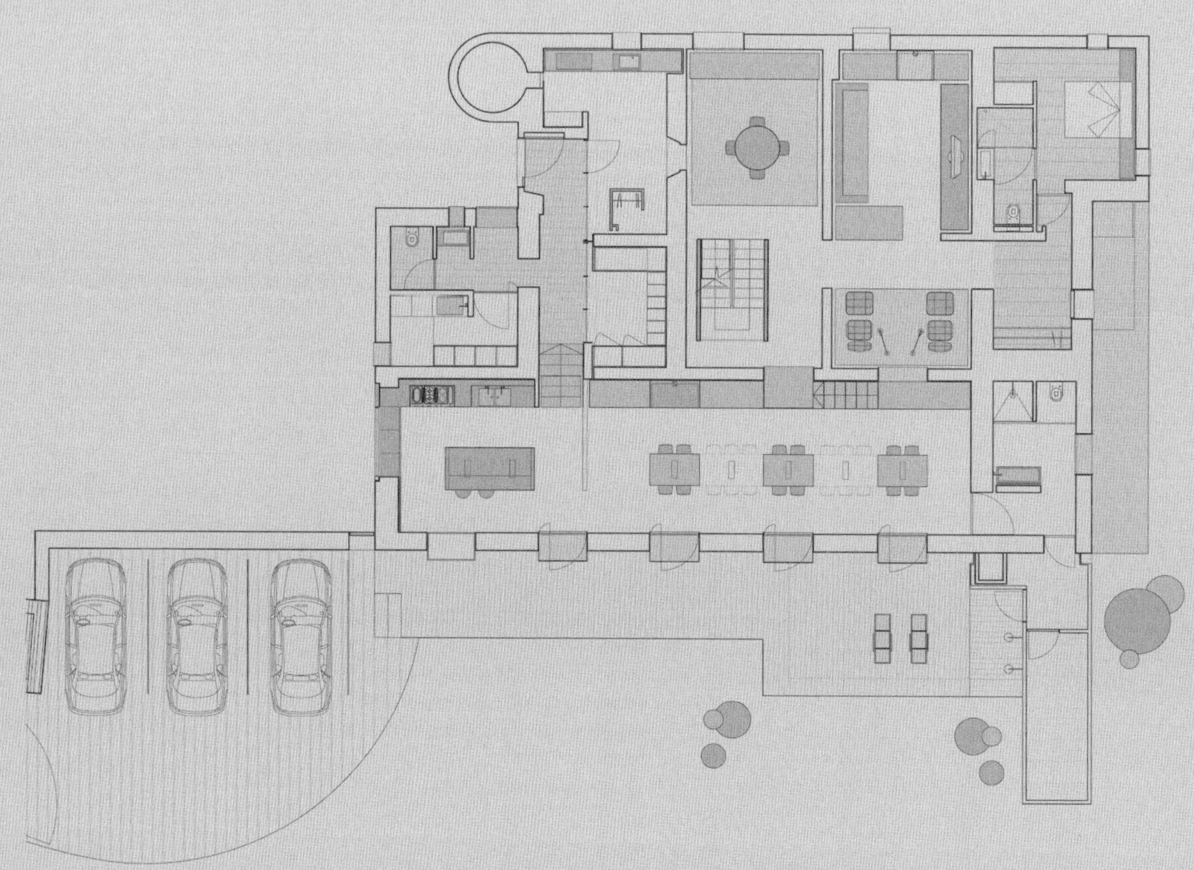

Planta baja / *Ground floor*

Las 8 habitaciones son las zonas menos puristas de toda la casa. Tratadas con el mismo sistema de cabezal de madera lacada en varios tonos, se distribuyen en rincones, aprovechando la planta de la casa y la luz natural de sus aperturas. Entre ellas se van intercalando baños y salas abiertas a modo de vestidores.

The less purist spaces in the house are the 8 bedrooms. They have been provided with the same wood headboards lacquered in various shades and are distributed along the ground plan of the house and the natural light of its openings. Bathrooms are placed among them as well as open spaces used as dressing rooms.

CADAQUÉS

El proyecto de reforma de esta antigua vivienda en Cadaqués supuso un doble reto: estar situado en uno de los lugares más bellos de nuestra geografía y formar parte de un edificio diseñado por el arquitecto y galerista italiano Lanfranco Bombelli. En ese contexto, se planteó un proyecto que ante todo fuera respetuoso con la virginidad del lugar, con el estilo de vida simple, con los materiales naturales y, en especial, con la arquitectura conceptual del edificio: terrazas cubiertas, celosías de madera y una chimenea de plancha de acero, que fue pensada para absorber el calor y actuar como radiador de toda la casa. El estudio quiso recuperar la antigua funcionalidad de la chimenea, que se acabó convirtiendo en el punto de partida del proyecto. Se diseñó una nueva de hierro y se proyectó sobre una amplia base de ladrillos reflectantes, rematada con un cajón suspendido de hierro para almacenar la leña. Frente a ella, se halla un sofá de obra de gran sencillez.
En toda la casa se conservó el pavimento original de baldosa cerámica autóctona de l'Empordà: la toba, característica por su tono rojizo. La paredes lisas se revistieron con cemento maestreado blanco para dar continuidad a la luz natural que se cuela por cada rincón de la casa. En contraste, se diseñó un mobiliario a medida de madera de roble negra con un acabado de aceite natural.

This housing renovation project in Cadaqués was a dual challenge. It is located in one of the most beautiful places in our country and is part of a building designed by the Italian architect and gallery owner Lanfranco Bombelli. Taking into account this context, a project was conceived to respect the virginity of the place, the simple lifestyle, the natural materials, and especially the building's conceptual architecture – roofed terraces, wooden lattices, and a sheet steel chimney designed to absorb heat and function as central heating.
The architectural studio wanted to restore the old function of the chimney and it ended up being the starting point of the project. A new iron chimney was designed and projected on a wide base of refractory bricks with a suspended iron box underneath to store firewood. Opposite the chimney, there is a simple construction sofa.
All the original pavement of L'Empordà area ceramic tiles was kept. This tile is called "toba" and it has a characteristic reddish shade. The smooth walls were lined with white screeded cement in order to provide continuity to natural light entering through every corner of the apartment. In contrast, the furniture was custom-built in black oak wood with a natural oil finishing.

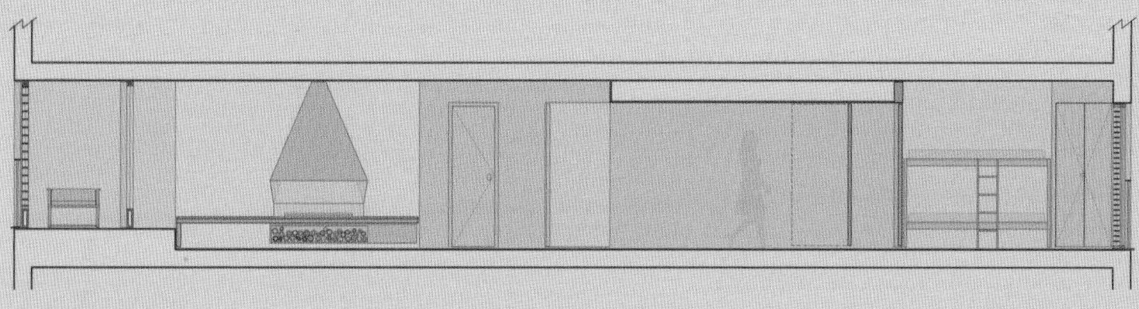

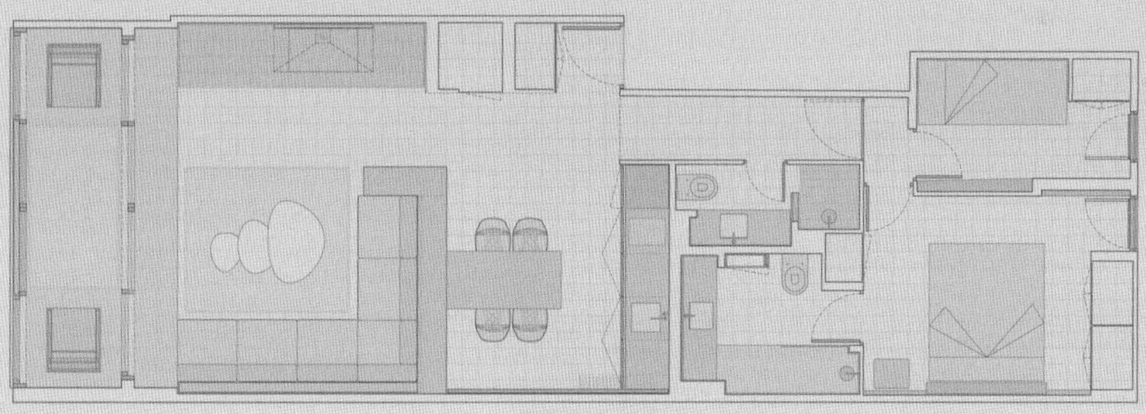

Sección y planta / Section and floor plan

El blanco y el negro contrastan y conviven con el tono rojizo de la baldosa autóctona, la toba. El baño, de mármol blanco del país, está revestido de opalina blanca para iluminar el único espacio interior de la casa.

White and black colours both contrast and match with the reddish shade of L'Empordà ceramic tile, "toba". The bathroom is made of native marble and lined with white opaline so that the only interior room in the apartment is filled of light.

JP Apartment

Con vistas al mar de Barcelona, este apartamento se vuelca sobre el impresionante paisaje. En ese sentido, el exterior cobra especial importancia y cuenta con una terraza de grandes dimensiones (de unos 60 m²). El interior, en contraste, se diseñó con la máxima neutralidad.

Partiendo de una distribución tradicional, el proyecto reordenó el espacio para que todos los ambientes estuvieran integrados. El principal elemento distribuidor es la cocina, cuyo acceso tiene un doble uso. Mediante un juego de puertas correderas distribuye el espacio hacia el estar y la terraza y, por otro lado, hacia la zona más privada de la casa. La gran apertura al exterior permite la entrada de luz natural a toda la vivienda.

El proyecto destaca por el uso de materiales y tonalidades neutros: la madera y el blanco. En el pavimento se utilizó tarima de madera de roble, mientras que en el revestimiento, DM lacado de color blanco. El resultado es un conjunto de volúmenes armónico y equilibrado potenciado por los colores neutros y la luz natural.

Overlooking the sea in Barcelona, this apartment faces onto the breathtaking scenery. This is why the outside is of great importance and the apartment was given a large balcony, 60 m² approximately. The inside, on the contrary, was designed according to the maxim of neutrality.

From a traditional distribution, the project reorganized the space to integrate all the rooms. The main element to distribute the space is the kitchen, whose acces has a dual use. Thanks of a set of sliding doors, it leads to the living room and the balcony at one side, and to the private area of the apartment. The apartment's openness to the exterior allows the entrance of natural ligth to all the space. The project resorted to neutral materials and tonalities: wood and white colour. The oak wood floorboard on the floor and white lacquered MDF for the walls were the materials chosen. The result is a balanced game of volumes which is enhanced by neutral colours and natural light.

La habitación principal y el comedor reciben luz natural. La cocina es el elemento distribuidor de la vivienda gracias a un sistema de puertas correderas que crea volúmenes arquitectónicos.

The master bedroom and dining room are bathed in natural light. The kitchen distributes the spaces of the apartment thanks to a sliding doors system which creates architectonic volumes.

CG Apartment

El primer elemento que encontramos al acceder a esta vivienda de 325 m² es una caja de madera que separa el recibidor y la cocina. Este módulo sirve de almacén en la zona de la cocina y, en el lado del recibidor, de guardarropía y para esconder las instalaciones de la vivienda.

La sala de estar y la zona de televisión se ubicaron junto a la fachada, de modo que son las áreas que más luz reciben de la casa. Aun así, el lugar donde la familia hace más vida es la cocina-comedor, un espacio que articula el resto de la vivienda. Esta área funciona en varios planos horizontales y verticales realizados con roble natural. La isla de trabajo y la mesa combinan la madera y la piedra naturales. Perimetralmente, superficies de opalina blanca permiten aprovechar la luz natural de los patios situados a ambos lados del edificio. Esta área separa la zona frontal de la vivienda —en la que se sitúan las dos salas de estar—, de la parte posterior —en la que se ubican los dormitorios—. El acceso a esta última zona está flanqueado por módulos de armarios de madera de roble natural.

Los dormitorios de los hijos se sitúan a ambos lados del distribuidor, están diseñados con colores claros y un mobiliario sencillo e incluyen baño. Al dormitorio principal, en la zona central de la vivienda, se accede a través del vestidor, que también articula el acceso a una oficina y al baño principal.

The first thing we find when we come into this 325 m² house is a wooden box delimiting the entrance hall from the kitchen. This modular element is used for storage on the kitchen side and as a wardrobe as well as to hide the house installations on the other side of the box.

The living and TV rooms are next to the façade so that they receive the most light in the house. Despite of this, the place were the family stays most of the time is the kitchen-dining room, a space that articulates the rest of the house. This area works according to several horizontal and vertical planes made of natural oak wood. The kitchen island and table combine wood and natural stone. The opaline surfaces along the perimeter allow to make the most of natural light of the patios at both sides of the building. This area separates the front area of the house – where the two living rooms are placed – from the back of the house – devoted to the bedrooms. Access to those is flanked by natural oak wood wardrobes.

The children's bedrooms are located at both sides of the hall. They feature light colours and simple furniture and they have got en-suite bathrooms included. At the center of the house, the master bedroom can be accessed through the dressing room, which also leads to an office and the main bathroom.

El baño principal está proyectado con piedra Solnhofen de color beis, que permite disponer de suelo radiante. La zona de ducha incluye un desagüe oculto y se separa del resto del baño por un gran cristal de color gris opacado. El área del lavabo está integrada en la piedra maciza y comparte espacio con el tocador. El espejo integra armarios contenedores.

The main bathroom is projected with beige Solnhofen limestone as an underfloor heating system. The shower includes a concealed drainage and is separated from the rest of the bathroom by a large grey opaque glass. The basin area is integrated in the solid stone and shares the space with the vanity. At the same time, the mirror integrates some closets.

Nepal collection

El diseño de esta colección de alfombras se inspira en un viaje a Nepal. Los colores, las texturas, los olores, las personas y las tradiciones fueron claves en su creación.

El misticismo de las campanas, muy presente en las religiones hinduista y budista –mayoritarias en Nepal–, inspira la alfombra Raj. Las luces y sombras creadas en este tipo de construcción son la base del dibujo.

Durante la época de lluvias, es fácil encontrarse con una tormenta o un aguacero. La expresión «llueve sobre mojado» y las gotas que caen sobre el suelo encharcado inspiran el diseño de la alfombra Rain.

El cableado eléctrico de ciudades como Katmandú, a menudo enmarañado y desordenado, sugiere el dibujo de la alfombra Straw. Líneas irregulares decoran esta pieza.

Maki se inspira en los campos de arroz nepalíes. Las vastas extensiones de estos cultivos, de un verde muy intenso, dan lugar a paisajes únicos.

This carpet collection gets its inspiration from a trip to Nepal. Colours, textures, scents, people, and traditions were key in the design.

The bells mysticism, very much on Buddhist and Hindu religions – main religions in Nepal –, inspires the carpet Raj. Lights and shadows are the base of its creation.

During the rainy season, it is very easy to be caught by surprise by storms or downpours. The saying "it never rains but it pours" and the drops falling on the waterlogged ground are behind the design of Rain carpet.

The electrical wiring of cities like Kathmandu, often tangled and messy, suggests the design of Straw carpet. It was decorated with irregular lines.

Maki is inspired by the rice fields in Nepal. The rich green, vast areas of agricultural land result in unique sceneries.

MODULAR SYSTEM ADD-ON

Para una firma como Kirkus Innova, que combina innovación y creatividad, se han diseñado varias colecciones de mobiliario urbano. A partir de formas geométricas, Kirkus, Quadratus, Trigonos y Unicus tienen el objetivo de integrarse en la propia naturaleza. La pureza arquitectónica de las piezas se relaciona perfectamente con la pureza formal de su entorno.

La simplicidad y la versatilidad de los elementos permiten multitud de alturas y composiciones. Son piezas que se combinan fácilmente entre sí sin restar protagonismo al espacio que ocupan. Están formadas por marcos que crecen de forma vertical y crean jardineras, papeleras, asientos o alcorques, y pueden incorporar ledes como elementos de señalización.

Several collections of urban furniture were designed for Kirkus Innova, a firm whose philosphy blends together innovation and creativity. From geometric shapes, Kirkus, Quadratus, Trigonos, and Unicus have the aim of becoming part of the nature. The architectural purity of the pieces perfectly interacts with the formal purity of their environment.

The elements simplicity and versatility allow many heights and compositions. These are pieces easily combinable without overshadowing the space where they are placed. They are made up by frameworks that grow vertically to create planters, litter bins, seats, or tree wells. LED lights can be incorporated as signposting elements as well.

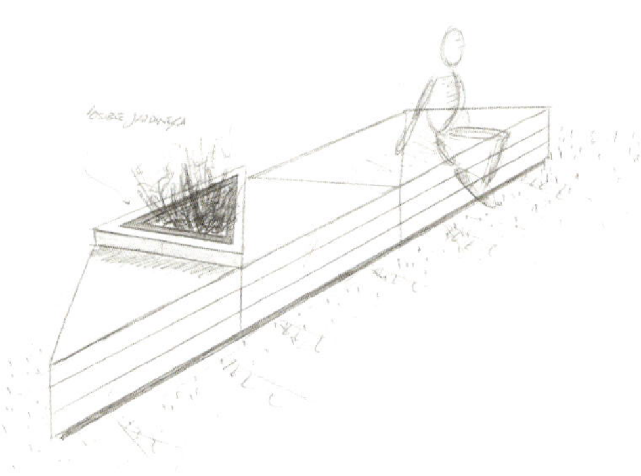

TRIGONOS

QUADRATUS

UNICUS

ELITE

Esta nueva colección de divisorias permite jugar con la opacidad y la transparencia mediante la combinación aleatoria de tres módulos de 60, 90 y 120 cm de ancho respectivamente, tanto en cristal como en panel. Elite rompe con la verticalidad colocando un perfil horizontal a unos 73 cm del suelo. La divisoria incluye también la posibilidad de la esquina curvada. De esta forma se pueden crear espacios orgánicos o más rígidos –con la esquina de 90 grados–, o adaptarlos a la forma que dicta el local –con un esquinero variable que acepta aberturas de distintos grados (desde 81 hasta 162)–.
Otra aportación innovadora es la aparición de la tecnología led, totalmente integrable en el sistema de perfilería superior e inferior.

This new collection of office screens and partitions interplays with opacity and transparency through the random combination of three units, either made of glass or panel, measuring 60, 90, and 120 cm wide respectively. Elite collection breaks away from verticality by putting a horizontal profile 73 centimetres above the ground. The screens can also be customized with curved glass enclosures, which serve to different purposes: more organic or rigid spaces – using the 90-degree corner –, or adapted screens to the space shape – using a changeable corner allowing openings from 81 to 162 degrees.
Another innovation is the incorporate LED lights, which totally light up the screen system.

Envatech   2012

MUS

Se trata de un sofá modular de clara inspi-
ración nórdica. La esencia del proyecto es la
tarima de madera sobre la cual se apoyan los
cojines. Simbólicamente, este palé de madera
es lo que otorga identidad a la colección.
Mus se compone de distintos elementos, por
ejemplo, la *chaise longue* o los pufs, que
pueden acompañarse de mobiliario auxiliar –como mesas de centro– y de accesorios
–como revisteros o jardineras–. Estos elementos dan un carácter más humano a la
colección.
El sofá Mus funciona como elemento divisorio y está orientado tanto a *contract* como a
hogar.

This modular sofa has a clear Nordic inspiration. The main element is the wooden dais which
the cushions rest upon. This wooden pallet gives
symbolic identity to the collection.
Mus is made up of several pieces including chaise
longue, pouffes, ancillary furniture – coffee tables, side tables –, and accessories such as maga-
zine racks or planters. All these pieces give the
collection a more humane value.
Mus sofa functions as a dividing element and is
aimed both at contract spaces and home.

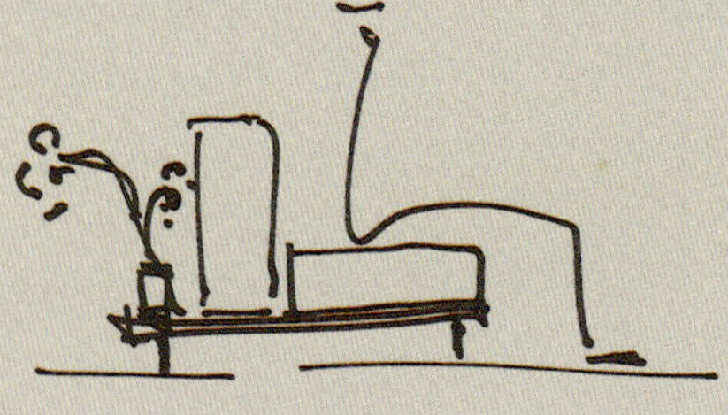

WAYU

El diseño de esta butaca se inspira en la pureza de líneas y trazos de la cultura japonesa. Se trata de una pieza de mobiliario para *contract* u hogar cuyo diseño en forma de Y incluye un pie metálico compuesto por dos patas que nacen de la propia estructura del respaldo y forman un solo cuerpo. El pie se fabrica con pletina de acero macizo en color blanco o negro, o de acero inoxidable con un acabado mate.

El interior del asiento está formado por láminas de madera curvada, y el respaldo, por lamas ergonómicas. La silla se produce en una gran variedad de tejidos y pieles.

The design is inspired by the purity of lines and strokes inherent to Japanese culture. It is a piece of furniture for contract or home spaces whose Y-shaped design includes a metallic base of two legs stemming from the back of the chair and making a single body. The base is manufactured with solid steel plates in white or black colours or stainless steel plates with a matte finish.

The inside of the seat consists of curved wooden lamellas and the back consists of ergonomic lamellas. This chair is conceived both for public spaces and houses, and it is manufactured in a wide range of fabrics and leather.

MAY

Se trata de un diseño puro, ligero y elegante. El estilo personal del estudio marca el carácter de esta original colección.
La silla May es funcional y muy versátil. El asiento y el respaldo pueden ser tapizados o de madera, y ofrece una multitud de acabados y colores para poder combinar con los proyectos más diversos. La estructura metálica tiene un acabado de pintura epoxi termoendurecida en varios colores: blanco, negro, aluminio o cromo.
La silla es apilable y, además, cuenta con varios elementos opcionales, como un soporte con ruedas o una pala de escritura fabricada con poliamida y fibra de vidrio.

Purity, lightness, and elegance are put together in this design. The personal style of the studio is reflected on this original collection.
May is a very functional, light and versatile chair. There is a version either with upholstered or wooden back and seat, and it features many colours and finishes in order to fit in different projects and spaces. The metallic structure has epoxi thermohardening painting in a range of colours: white, black, aluminium, or chrome.
May is stackable and has some optional elements such as a wheel stand or a writing panel made of polyamide and glass fiber.

TROK

La colección Trok está compuesta por varias piezas cuyo diseño destaca por su naturalidad y armonía. La línea de asientos se compone de silla, taburete y banco.

Realizada en madera de haya, su característica principal son las patas torneadas, que aportan un toque más orgánico a la pieza. Un elemento destacable y totalmente visible es que las patas atraviesan el asiento, tapizado siempre con una gran variedad de tejidos. En los modelos de banco y taburete el respaldo también es una pieza torneada.

Trok collection consists of various pieces of a natural and balanced design. The seats line includes a chair, a stool, and a bench.

Made of beech wood, their main feature are the machined wooden legs, providing the pieces an organic touch. It is worth mentioning the fact that the legs go through the seat, which is upholstered with many fabrics. The back of the seat of stools and benches models is a machined wooden element as well.

PETAL

La silla Petal se plantea delicada como una flor. Tal y como su propio nombre indica, está formada a partir de tres pétalos (dos reposabrazos y espaldero) que recogen al usuario. Su versatilidad permite que se pueda utilizar no solamente en el hogar, sino también en *contract*. Las patas cónicas y torneadas son de madera natural, pero también existe una versión de madera teñida. Tiene una amplia variedad de tapizados de la colección Ziru.

Petal is a chair as delicate as a flower. It is, as its name goes, made up of three petals – two armrests and back –, which give the feeling of a hug. It is so versatile that it matches not only at home but for contract spaces. The machined and conically-shaped legs are made of natural wood, but there is a lacquered wood version, too. There is a wide variety of upholstery available from the Ziru collection.

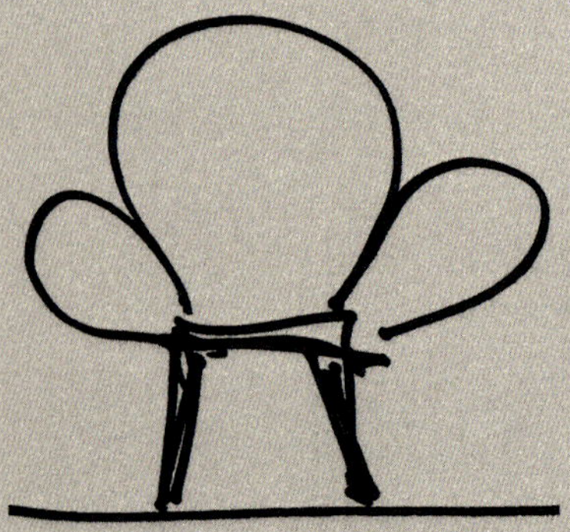

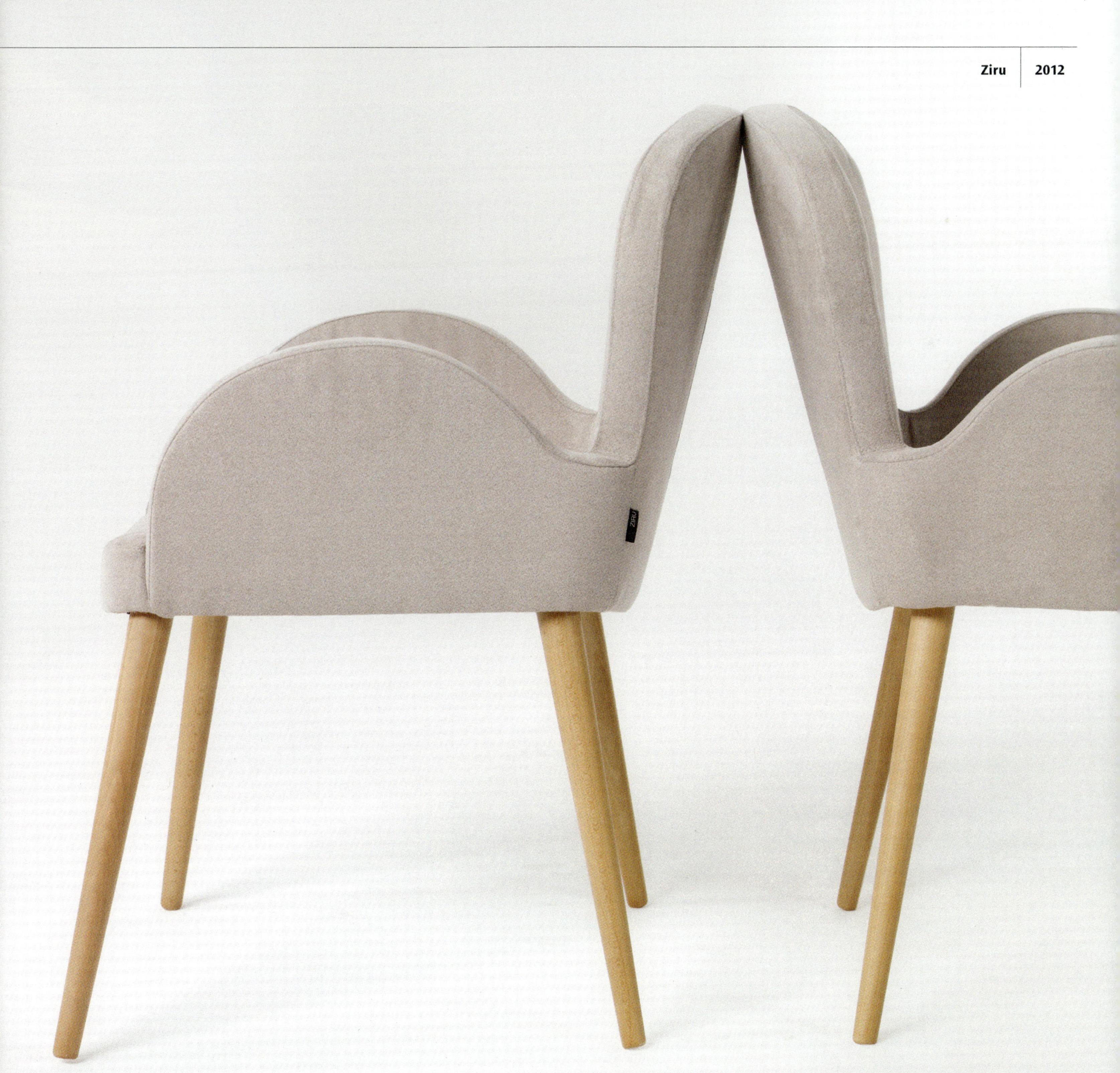

DREY

La fuerza de la pieza es la estructura de madera de la propia silla. Destaca el diseño de la parte posterior, donde la ligereza se contrarresta con el contrafuerte en diagonal que fija la pata trasera al esqueleto de la silla. Este pequeño detalle, además de otorgarle una estética única, la convierte en una pieza altamente resistente.

El tapizado sigue las secciones de la silla, que está dividida en tres planos. El respaldo y la base se unen en un plano inclinado ergonómico que hace que el asiento se adapte a la zona lumbar. El tapizado acolchado contrarresta las líneas rígidas. El mueble se fabrica en madera de roble natural o teñida, y existe una versión con brazo y otra sin brazo.

The wooden structure of the chair gives the power to this piece. It is also important the design on the back of the chair, where the ligthness is balanced by the diagonal buttress which fixes the back legs to the chair skeleton. This small detail not only provides the chair with unique aesthetics but it makes it a highly durable piece.

Upholstery follows the chair sections, devided into three planes. The back and seat of the chair are linked in an inclined, ergonomic plane making the seat to adapt to the lower back area of the body. Padded upholstery balances the rigid lines. This design is manufactured in natural or lacquered oak wood and there are version with armrests.

BALÚ

La colección Balú, de formas orgánicas, re-
dondeadas y muy cómodas, está formada por
un sillón, una mesa y un reposapiés. Este último, que también puede servir de puf, se integra bajo la mesilla y, cuando se coloca junto
a otros sillones, sirve de enlace entre ellos.
El tablero de la mesa es de madera laminada.
Tiene diferentes acabados (haya, roble...) y se
puede teñir o lacar.
El sillón se puede tapizar con tejidos de la
colección Ziru. La costura doble, además de
reforzar la pieza, le proporciona un atractivo
toque estético.

Balú has organic, round, and very comfortable
forms. The collection includes an armchair, tables, and a footrest. The latter may be used as
pouffes and are integrated under the table, but
when placed next to armchairs they may fuction
as a link between them.
The board of the table is made of laminated
wood. It has different finishes like oak or beech
wood, and it can be died or lacquered.
Ziru collection provides the textiles for upholstery. Double-stitched seams reinforces the piece
and provides an appealing touch thereof.

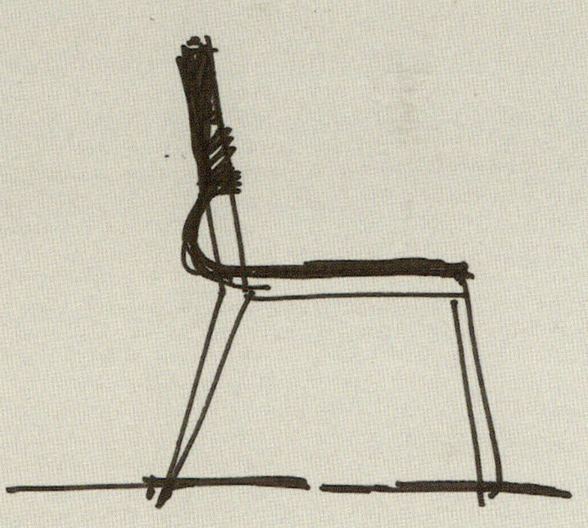

LYL

This elegant chair has a wooden structure and is available in two different finishes: walnut and tobacco-coloured oak. The seat and back are upholstered with ecological leather. Having a solid wood framework, this piece reflects the last trends the Italian firm has opted for and allows the greatest freedom and stylistic versatility.

ISU

El diseño de la butaca Isu es una reinterpretación actualizada de la clásica silla de toda la vida. De líneas sencillas y depuradas, se fabrica con madera de haya natural o teñida.
La pieza incluye amplios reposabrazos torneados y patas de la misma forma. El asiento y el respaldo están tapizados y disponibles en una amplia variedad de colores. La butaca, muy natural, destaca por la comodidad que le proporciona el doble cojín del asiento.

Isu is the updated reinterpretation of a classical chair. It has simple and pure lines and it is manufactured in both natural and died beech wood. This piece includes large machined wooden armrests and legs. The back and seat are upholstered and available in a wide range of colours. This very natural-looking chair ensures great confort thanks to its double cushion.

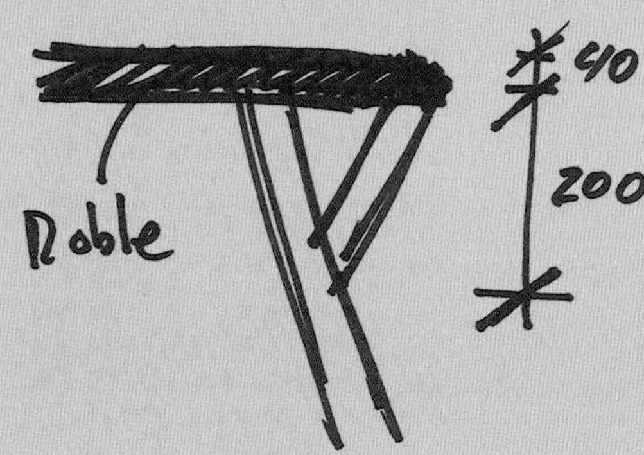

SANK

Este conjunto de mesas dispone de varias medidas y, para la fabricación de las patas, se utilizó un contrafuerte que asegura la estructura y convierte los muebles en piezas resistentes. Este sistema, junto con el desplazamiento de las patas hacia el interior, permite que las mesas tengan dimensiones muy grandes. Las esquinas se achaflanaron, y todo el sobre tiene una sección biselada hacia fuera que produce la sensación de que las mesas son más delgadas.

Se fabrican con madera de roble natural, en versión lacada o teñida. La familia de mesas tiene un formato cuadrado y rectangular.

This table set is available in different sizes. For the legs manufacture, a buttress was used to attach the structure and make them strong. Both this system and the inward displacement of the legs permit the big dimensions of the tables. Corners were bevelled, but the tabletops especially feature an outward bevelled edge allowing for the feeling of thinner tables.

They are manufactured in natural oak, lacquered or stained. The series of tables are available in square and rectangular shapes.

EXAPENTA

Las mesas Exapenta son dos modelos de hexágono y pentágono irregulares pensados para funcionar por sí solos o creando un conjunto tan grande como sea necesario.
La base y el sobre son siempre lacados, mientras que las patas y los laterales que coinciden con los lados más cortos son de chapa de 5 milímetros con corte al láser. Los acabados esmaltados son del mismo color que el sobre y la base, o de color gris antracita.
Cada uno de los lados de la mesa se puede modificar y complementar con la otra pieza para poder extenderse tanto en el ancho como en el largo.

Exapenta tables are two irregular hexagon and pentagon models conceived to function autonomously or being part of a group as big as necessary.
The base and tabletop are always lacquered, while the legs and sides lining up with the shortest sides are made of 5 millimetre laser cut panels. Enamel coatings are either the same colour as the tabletop and base or anthracite colour.
Each side of the table can be modified or matched with the other piece so that both the width and lenght can be changed.

POND

Se trata de una colección de mesas con sobre y patas de madera maciza. Las piezas tienen varias medidas y alturas, lo que permite que se puedan encajar y combinar para formar conjuntos dinámicos. Las mesas se fabrican con acabados en roble tabaco, en mate y en brillo lacado. La colección de lacas está disponible en una amplia gama de colores, que incluye tonos neutros y otros más intensos.

Pond is a collection of tables with tabletop and legs made of solid wood. The pieces have several sizes and heights, so they can be fitted with each other and combined to shape a dynamic whole. Tables are provided with three different finishes: tobacco oak, matte, and gloss coating. There is a choice of lacquers available which include neutral or intense shades.

Van

Esta colección de mesas auxiliares tiene varias particularidades. Una de las más destacables es su tapa circular o sobre, que es intercambiable y está disponible en varios materiales. Madera, cerámica y mármol, todos ellos se pueden incorporar en varias tonalidades.

Otra característica destacable de las mesas son sus tres patas torneadas, que les aportan dinamismo. Las piezas de madera están fabricadas con madera maciza de nogal o de haya. Los muebles están disponibles en varios tamaños: 40, 50, 60 y 80 cm de diámetro.

This collection of side tables has several characteristics. One of the most important is their interchangeable tabletop, available in a variety of materials. Wood, ceramic, and marble can be used in different shades.

Another feature is the machined wooden legs, which make them more dynamic. The wooden pieces are made of solid oak or beech wood. Tables are available in different sizes: 40, 50, 60, and 80 cm in diameter.

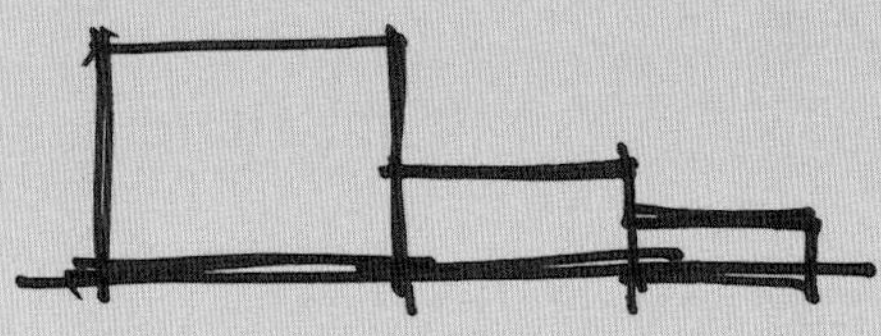

DAB

Dab es un programa modular con una gran variedad de acabados, una amplia combinación de materiales y diferentes medidas. Por todo ello, esta colección se adapta de forma excepcional a espacios de centro, ya sea en el hogar o en *contract*. Entre sus posibilidades, el contenedor puede incluir cajones cerrados, abiertos o de ambos tipos. En cuanto al sobre, puede ser de madera, de cristal fumé gris o de mármol, dependiendo del estilo que se quiera dar a la pieza.

Dab is a modular pogramme with a huge variety of finishes. It combines various materials and sizes. This enhances its adaptability to central room areas, both at home or contract spaces. This furniture may include drawers which can be closed, open drawers, or both. The board can be made of wood, grey smoked glass, or marble depending on the style required.

2007

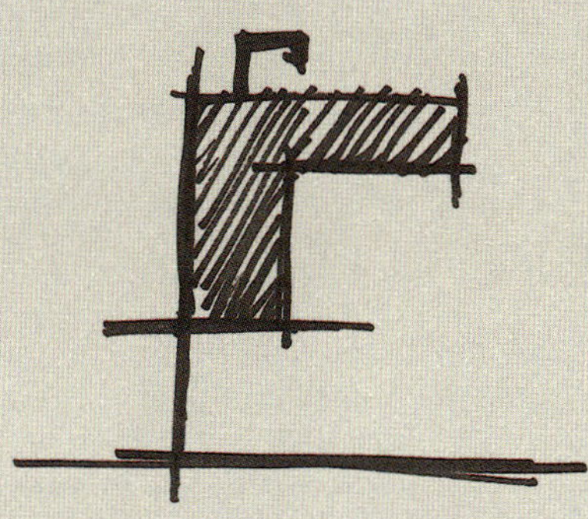

ELA

La colección Ela presenta un innovador programa, compuesto de originales módulos en los que se oculta el sifón y las esquinas se redondean sin llegar a perder simplicidad ni pureza. Su original estética se combina con espacios abiertos y cerrados, y destaca su base en forma de L.

Ela collection consists of original pieces for bathrooms where the trap is hidden and the corners are rounded without losing its pure line. Its innovative touch can match with open or closed spaces. The L shape of the base is also remarkable.

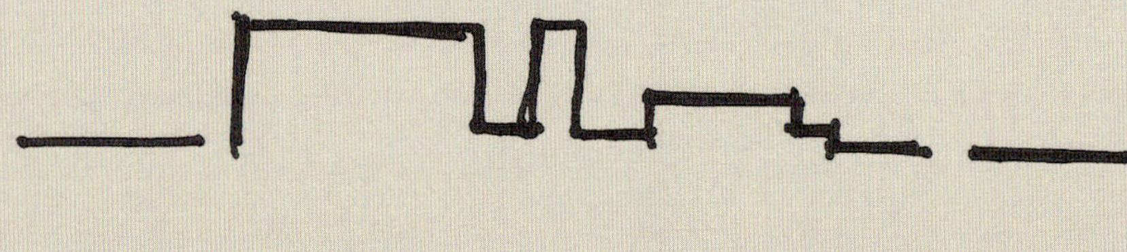

MELBOURNE

Melbourne es la sobriedad y el racionalismo hechos complementos de sobremesa. En tres medidas de contenedores de aluminio lacado, se encaja cada uno de los elementos de uso (reloj, portaclips, portaobjetos…) como si fuera la pieza de un puzle. El resto de los componentes se fabrica con materiales nobles: madera de roble maciza o mármol blanco.

Melbourne transforms sobriety and rationalism into desktop accessories. These boxes are presented in three different sizes and in lacquered aluminium. Every element – watch, clip holder, storage compartment, etc. – fits perfectly with the rest as if they were the pieces of a puzzle. The remaining elements are made of quality materials like solid oak wood or white marble.

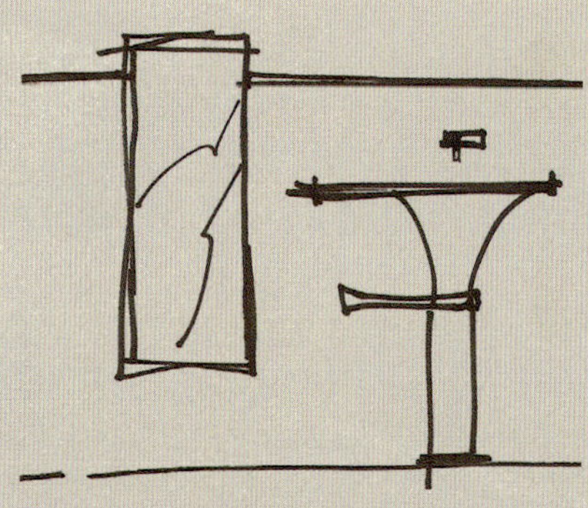

VASE

Vase es un lavabo *monoblock* que incorpora una encimera de grandes dimensiones. Gracias al ligero desplazamiento hacia uno de sus lados, esta permite gozar de una interesante base de apoyo. El toallero, también integrado en la parte inferior de la encimera, funciona como pieza de conexión entre la parte superior y el tronco principal, que permite instalarlo de forma independiente. Toda la pieza se proyectó en Cristalplant® blanco de líneas suaves y neutras para darle un uso totalmente polivalente, tanto en hogar como en *contract*.

Vase is a monoblock washbasin incorporating a large vanity top. The slight displacement to one side enables an interesting support base. The towel rail is integrated in the lower part of the vanity top and it connects the upper and the lower part of the base, which allows it to be installed separately. All is made of white Cristalplant®. It displays smooth and neutral lines since it is thought to be at home but also for contract areas.

Inbani   2012

Inbani   2010

KA

La colección Ka contiene varias piezas modulares independientes que responden a la preocupación de lograr que el baño sea un espacio cálido. Los diversos elementos que la componen permiten un juego de diferentes alturas, anchuras y profundidades que consigue un efecto dinámico en un espacio que acostumbra a ser rígido.

Tanto el lavabo como la bañera, fabricados con resinas, destacan por la ausencia de líneas rectas y por su carácter orgánico. El espejo, elemento principal en el baño, funciona como una simple pieza o como revestimiento, y tiene la posibilidad de transformarse en un contenedor integrado. La colección Ka incluye un tirador metálico con un acabado cromado brillo.

Ka consists of several separated modular bath elements aiming to make the bathroom a warm space. The different elements allow a play of different heights, widths, and depths to achieve a dynamic effect in a usually rigid space.
Both the washbasin and the bathtub are made of resins. They are remarkable due to the lack of straight lines and their organic nature. The central element in a bathroom, the mirror, functions as a sole piece or as lining, and it also has the chance to be turned into an integrated container. Ka collection includes a metallic knob with a shiny chrome finishing.

Puc

Mueble auxiliar con espejo fumé gris en la parte frontal, interior lacado y casilleros laterales en nogal o laca. En su interior dispone de un espacio superior con estantes, un espacio central con puerta abatible y un espacio inferior con percha (de serie) o estantes (opcionales).

Puc is a piece of ancillary furniture with smoked glass on the front part, lacquered interior, and oak wood or lacquered lateral pigeonholes. Inside, there is an upper space with some shelves, a central space with a drop door, and an interior space with a hook (standard) or shelves (optional).

DANTE

Este mueble auxiliar está diseñado para cumplir varias funciones: de contenedor, de consola, de espejo e incluso de mueble macetero. La estructura es de madera maciza y puede incluir un cajón o una puerta abatible en chapa de nogal, y traseras en espejo fumé gris. El sobre se puede fabricar también en mármol blanco o negro. Como toque divertido, puede disponer de un macetero, también de madera de nogal.

This piece of furniture was designed to carry out several purposes: container, console table, mirror, or even flowerpot holder. The structure is made of solid wood and it may include a drawer or drop door in walnut veneer as well as a smoked glass on the back side. White or black marble is also available for the tabletop. As a fun touch, it can have a flowerpot holder, also made of oak wood.

LAB

Este sistema de iluminación técnico y arquitectónico tiene una doble función. Por una parte, iluminar el espacio y, por otra, integrarse o destacar en él gracias a los diferentes materiales que pueden utilizarse en el frontal: piedra natural, madera de iroco, aluminio o cerámica.

La idea surge de la imposibilidad de iluminar de manera cenital, lo que nos obligó a utilizar apliques. Nuestra intención era diseñar un sistema de iluminación que se adaptara al espacio y no destacara de la superficie del muro.

Aunque funciona de manera independiente, tiene la suficiente personalidad como para crear múltiples composiciones lumínicas.

This architectural and technical lighting system has a dual function. First, it lights up the space, and then, it is integrated in it or enhanced thanks to the various materials that can be used in the front: natural stone, iroko wood, aluminium, or ceramic.

This idea comes from the impossibility of having zenithal lighting which forced us to use wall lights. We aimed at designing a lighting system which would adapt to the space without sticking out of the wall surface.

Although it works separately, it has enough personality to create many light compositions.

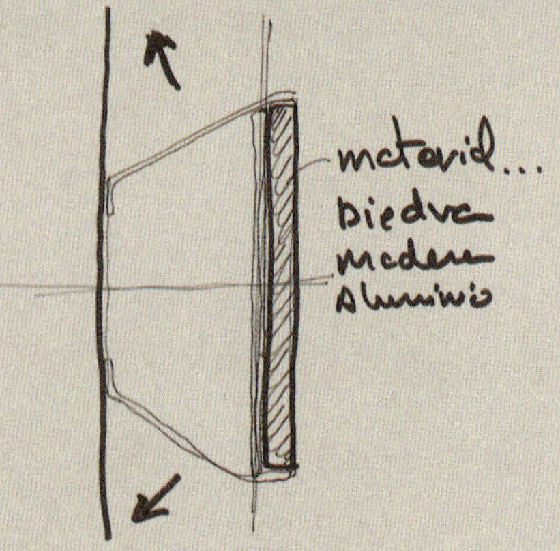